Og Mandino · Die Entscheidung

Og Mandino

Die Entscheidung

Es gibt eine bessere Art zu leben!

Aus dem Amerikanischen von
Ursula Harzer

Conzett Verlag
bei Oesch

Die amerikanische Originalausgabe erschien 1996
unter dem Titel *The Choice*
bei Bantam Books, Inc., New York

Die Deutsche Bibliothek – CIP-Einheitsaufnahme

Mandino, Og:
Die Entscheidung : Es gibt eine bessere Art zu leben! /
Og Mandino. – Zürich : Conzett, 2000
ISBN 3-905267-09-8

Satz: Oesch Verlag
Druck und Bindung: Wiener Verlag, Himberg
ISBN 3-905267-09-8

Gern senden wir Ihnen unser Verlagsverzeichnis:
Oesch Verlag / Conzett Verlag, Jungholzstraße 28, 8050 Zürich
E-Mail: info@oeschverlag.ch
Telefax 0041/1 305 70 66 (CH: 01/305 70 66)

Unser Programm finden Sie im Internet unter:
www.oeschverlag.ch

Ich widme dieses Buch einer wunderbaren Frau,
die mich vor vielen Jahren gelehrt hat,
was Liebe wirklich bedeutet – meiner Schwester Jackie

Ich stehe über allem, was mir zustoßen kann. Kummer, Unglück und Leiden sind draußen vor meiner Tür. Ich bin drinnen im Haus, und ich kann bestimmen, was ich hereinlasse oder nicht.

CHARLES FLETCHER LUMMIS

Der Mensch hat sein Schicksal in der Hand durch die Entscheidungen, die er trifft. Als Herrscher über seine eigenen Gedanken und ausgestattet mit Macht, Intelligenz und der Fähigkeit zu lieben, kann er jede Situation selbst steuern.

JAMES ALLEN

I

Als Kalender dient mir ein Blick aus dem Fenster. Die Blätter der Ahornbäume auf meinem Hügel sehen nun fahl und brüchig aus. Der strenge Frost der vergangenen Woche hat die satte Rot- und Gelbfärbung verblassen lassen.

»Verrichte deine Arbeit so, wie es sich geziemt, und sei bereit zu gehen, wenn Gott dich ruft«, schrieb im 19. Jahrhundert der weise Tyron Edwards. Seine Worte und die Parallele mit dem Blatt, das seinen Lebenszyklus beendet, liegen schwer auf meiner Seele, während ich hier allein in meinem Arbeitszimmer sitze und um Kraft bitte, mit meinem schrecklichen Geheimnis fertig zu werden.

Ich werde innerhalb der nächsten drei Monate sterben.

Mir liegt daran, meine Geschichte möglichst rasch niederzuschreiben, denn ich habe keine Ahnung, wieviel Lebenszeit mir noch bleibt. Werde ich das Erntedankfest erleben? Vielleicht. Und Weihnachten? Wahrscheinlich nicht. Eines ist jedoch sicher: Noch bevor das neue Jahr richtig begonnen hat, wird Schnee nicht nur die welken Blätter, sondern auch mein Grab bedecken.

Wütet eine bösartige Krankheit in meinem Körper? Mitnichten. Mein jährlicher Check-up vor vier Monaten war zur vollen Zufriedenheit von Dr. Scagno ausgefallen.

Er versicherte mir, schon lange keinen Zweiundvierzigjährigen in so guter körperlicher Verfassung gesehen zu haben.

Habe ich die Absicht, mir das Leben zu nehmen? Gott bewahre. Ich habe allen Grund, mein Leben lebenswert zu finden.

Warum also dieses schreckliche Gefühl eines drohenden Verhängnisses, eines nahen Endes, das mich veranlaßt, meine Geschichte möglichst schnell in die Schreibmaschine zu tippen? Letztlich besitzt doch keiner von uns die Garantie, den morgigen Sonnenaufgang zu erleben. Vielleicht verstehen Sie mich, wenn Sie bis zum Schluß gelesen haben.

Auch ich hoffe, am Ende dieser Erinnerungen – falls ich überhaupt so weit komme – besser zu verstehen, was sich seit diesem denkwürdigen Morgen vor mehr als sechs Jahren zugetragen hat, als ich meinem Leben ganz plötzlich eine neue Wendung gegeben habe. Sie müssen wissen, daß es ganz allein meine Entscheidung war, und selbst heute, unter dem Aspekt meiner begrenzten Lebenszeit, würde ich wieder so handeln – falls es im Leben so etwas wie eine Wiederholung gäbe.

Jeden Tag treffen wir Hunderte von Entscheidungen; die meisten davon so gewohnheitsmäßig und ohne Bedeutung, daß sie in ihrer Automatik dem Atmen gleichen: Was frühstücken wir, wie kleiden wir uns, welchen Weg nehmen wir zur Arbeit, welche Rechnungen bezahlen wir, und welche legen wir zur Seite, welches Fernsehprogramm schalten wir ein, wie erledigen wir unsere Arbeit, auf welche Art begrüssen wir unsere Freunde und Feinde – alles Entscheidungen, an die wir uns eine Stunde später nicht mehr erinnern werden. Doch ab und zu haben wir auch andere Beschlüsse zu fassen, solche, auf die wir später mit Bitterkeit oder Genugtuung zurückblicken – je nachdem, wie sie die darauffolgenden Jahre beeinflußt haben. Selten sind diese folgenschweren Wendepunkte im Leben geplant oder vorhergesehen worden. Wie sollten sie auch, legen doch die meisten Menschen ihren Lebensweg ohne Zielsetzung oder gar Wegbeschreibung zurück.

Weil so viele nicht wissen, wo sie sich befinden oder wohin sie gehen, kämpfen sie ständig ums einfache Überleben, immer in der Defensive, immer in der Gefahr, auf dem schmalen Grat, auf dem sie sich bewegen, abzustürzen. Wer auf diese Weise lebt, hat nur begrenzte Möglichkeiten.

Dies alles traf natürlich nicht auf mich, Mark Christopher, zu, den jüngsten Bezirksvizepräsidenten der Treasury Insurance Company, verantwortlich für vierundachtzig Niederlassungen in Neuengland und für das Verkaufsergebnis von siebenhundert Versicherungsvertreterinnen und -vertretern und deren Vorgesetzten. Nicht auf Mark Christopher, der, wenn er nicht auf Geschäftsreisen war, einen Abend in der Woche an der North Eastern University eine Vorlesung über *»Die Kunst des Verkaufens«* hielt.

Wirklich und wahrhaftig, meiner Zukunft waren keine Grenzen gesetzt. Sollte mein Bezirk weiterhin das größte Verkaufsvolumen erzielen, wie dies in den letzten vier Jahren der Fall gewesen war, stand einer Beförderung ins Stammhaus nach Chicago nichts mehr im Wege. Ich sehe ihn noch vor mir, den Brief voll des Lobes, den mir J. Milton Hadley, Gründer und Präsident von Treasury Insurance, geschrieben hatte, nachdem dieser schmeichelhafte Artikel über mich im *Boston Globe* erschienen war. In diesem ausführlichen, illustrierten Beitrag hatte der Autor mir den Namen *Mr. Success,* der Erfolgreiche, gegeben – eine Bezeichnung, die mir geblieben ist.

Wann immer ich eine Rede bei Firmentagungen hielt, zitierte ich Passagen aus Büchern von erfolgreichen Menschen, die vorzügliche Ratgeberbücher geschrieben hatten. Und an Weihnachten und Geburtstagen erhielten alle meine Untergebenen von mir ein Buch, das ihnen in ihrer Karriere weiterhelfen sollte – Bücher von Napoleon Hill, Franklin Bettger, Dorothea Brande, Maxwell Maltz, W. Clement Stone und Norman Vincent Peale. *Mr. Success* war meiner Meinung nach die angemessene Bezeichnung für jemanden, der genau wußte, was er erreichen wollte und wie dies zu bewerkstelligen war.

Doch dann, an einem Morgen, den ich nie vergessen werde, habe ich ein neues Leben begonnen. Es war einer dieser vielen Sonntage, an denen ich vor Sonnenaufgang aufzustehen pflegte. Ich wachte beim ersten Ton des Weckers auf, drückte auf den Alarmknopf, um Louise nicht zu wecken, schlüpfte leise aus dem Bett und lief zum Fenster. Der in den Fernsehnachrichten angekündigte Regen war ausgeblieben. Die Sterne leuchteten noch am Himmel, und die dünne Mondsichel verschwand erst jetzt langsam hinter den Bäumen. Es schien ein perfekter Sommertag zu werden – Neuengland von seiner besten Seite.

Nachdem ich mich geduscht und rasiert hatte, zog ich meine Lieblingsgolfkleidung an – das Arnold-Palmer-Hemd mit den passenden beigen Hosen; beides zusammen hatte mich im Sportgeschäft neunzig Dollar gekostet. Dann schlich ich auf Zehenspitzen hinunter in die Küche.

Ich setzte das Kaffeewasser auf, ging hinaus zur Garage, drückte auf den elektrischen Türöffner, trat ein und zog vorsichtig die Golfschläger zwischen den Fahrrädern und den beiden Autos hinaus auf die Auffahrt. Normalerweise bewahrte ich sie in meinem Schrank im Country Club auf, aber am Donnerstag war ich von einer Tagung auf den Bermudas zurückgekehrt, wo es mir möglich gewesen war, auf dem unserem Hotel benachbarten Golfplatz eine Runde zu drehen. Nun konnten meine Sportsfreunde kommen – ich war bereit. Wie seit Jahren an jedem Sonntagmorgen, wollten wir in unserem Klub Punkt sieben Uhr am Abschlag stehen.

Ich trank meinen Orangensaft, schluckte meine täglichen zwei Vitaminpillen und setzte mich mit dem Kaffee und einem Krapfen an den Tisch. Mir blieben noch mindestens zwanzig Minuten, bevor sich der Kombi mit den anderen drei unseres Viererteams mit einem Hupton bemerkbar machen würde.

Während ich meinen Kaffee schlürfte, beobachtete ich einen Schwarm Rotkehlchen, der in rasender Geschwindigkeit den großen Ahornbaum in der Ecke unseres rückwärtigen Gartens umkreiste. Einem geheimen Signal folgend, hielten sie von Zeit zu Zeit in ihrem Flug inne und ließen sich auf dem niedrigsten Ast nieder, wobei jedes Vögelchen den gleichen Abstand zum Nachbarn einhielt; jedes respektierte das Territorium des anderen, etwas, was wir Menschen zu tun vergessen haben. In den Pausen oder während des Fluges machte ihr kehliges Zwitschern einen Lärm in der Stille des Morgens, der einem billigen Horrorfilm zur Ehre gereicht hätte.

Doch dann hörte ich noch etwas – das Geräusch von nackten Füßen im oberen Flur. Die Küchenuhr zeigte Viertel nach sechs. Wer war aufgestanden? Kurz darauf vernahm ich wieder Schritte. Mußten beide Jungen zur selben Zeit auf die Toilette? Möglicherweise.

Meine Gedanken kehrten zur bevorstehenden Golfrunde zurück. Letzte Woche hatte ich schlecht gespielt, aber heute würde ich besser sein. Ich fühlte mich gut. Auf den Bermudas hatte ich mir diesen unberechenbaren Kurvball wieder ausgetrieben. Nun war ich bereit. Ich lockerte meine Muskeln und praktizierte die »bildliche Vorstellung«, so wie ich es aus den Büchern der Erfolgreichen gelernt hatte. Die Technik ist einfach. Man stellt sich im Geiste vor, das gesteckte Ziel, was immer es auch sein mag, bereits erreicht oder verwirklicht zu haben. Dieses Bild hält man im Inneren fest, bis es zu einem gehört, und dann wird Erstaunliches geschehen. Für mich hat sich diese einfache Methode im Laufe der Jahre ausgezahlt, und zwar bei viel wichtigeren Dingen als der Korrektur eines Golfschlags.

In Gedanken war ich immer noch bei meinem Golfspiel, wie ich so mit dem Rücken zur Treppe saß, die zum oberen Stockwerk führte. Ich sah sie also nicht, als sie sich von hinten näherten, aber ich hörte sie, meine zwei Söhne. Und dann kam ein einstimmiges »Herzlichen Glückwunsch zum Vatertag«, gefolgt von einer unsanften Umarmung, wie das nur Zwölf- und Sechsjährige können, wobei mir jeder noch einen Kuß auf die Wange drückte.

Todd, mein Jüngster, hielt einen weißen Umschlag in der Hand, auf den er »Dad« geschrieben hatte. Er reichte ihn mir mit dem Stolz im Blick, den er gewöhnlich für eine gute Note in der Schule reserviert hatte. Ich öffnete den Umschlag und zog vorsichtig die Karte heraus. »Dem besten Vater der Welt« stand da und darunter in großer krakeliger Schrift »In Liebe Todd«.

Dann kam mein Zwölfjähriger, dem man ansah, daß er sich ein bißchen zu erwachsen für solche sentimentalen Torheiten hielt, und reichte mir seinen Umschlag. Auch auf seiner Karte stand, genauso wie bei Todd, »Dem besten Vater der Welt«. Bevor sein älterer Bruder ihn zum Schweigen bringen konnte, platzte Todd heraus: »Wir haben sie mit unserem Taschengeld gekauft.«

Ich umarmte und küßte die beiden und sagte ihnen, wie schön ich es fände, daß sie daran gedacht hätten. Nachdem wir uns eine Weile unterhalten hatten, fing Todd an zu gähnen. Ich schlug ihnen vor, sich wieder aufs Ohr zu legen, denn es war ja noch so früh am Morgen. Doch das schien nicht in Frage zu kommen. Sie hatten sich vorgenommen, mir die Karten zu überreichen, bevor ich zum Golfplatz ging, und nun, einmal aufgestanden, wollten sie auch aufbleiben. Sie setzten sich an den Tisch, kicherten und verschlangen riesige Portionen einer neuen Sorte obszön bunter, mit Vitaminen angereicherter Getreideflocken.

Während ich den beiden zusah und zuhörte, überkam mich ein seltsames Gefühl. Vielleicht war es ja nur eine Illusion, hervorgerufen durch den morgendlichen Dunst, der durch die Fliegengitter der Eingangstür drang, doch Glenn, mein Zwölfjähriger, schien vor meinen Augen zu altern. Vielleicht kam es aber auch nur daher, daß ich ihn seit langer Zeit wieder einmal bewußt ansah. Er war ein hübscher Junge und hatte das Glück, seiner Mutter immer ähnlicher zu werden. Wie groß er geworden war. Auf seiner Oberlippe konnte ich sogar den Anflug eines Bartes erkennen. Seine Hände schienen riesig, und seine Stimme klang brüchig. Durch meine langen Arbeitsstunden im Büro, meine Lehrtätigkeit an der Universität und meine Wochenenden auf dem Golfplatz hatte ich den langsamen Wandel vom Säugling, den ich einmal Abend für Abend gebadet hatte, zum jungen Mann, der mir jetzt gegenübersaß, nicht bemerkt. Plötzlich drängte sich mir der Gedanke auf, daß er in fünf Jahren das Haus verlassen würde, um aufs College zu gehen, und in zehn Jahren praktisch aus meinem Leben verschwunden sein würde.

Dann wandte ich mich Todd zu, der sich bemühte, laut die Aufschrift auf der Rückseite des riesigen Flockenkartons zu lesen. Mittlerweile ging er in die erste Klasse, dabei war es doch erst gestern gewesen, daß ich vor der Entbindungsstation hin- und hergelaufen bin, bis ich seinen ersten Schrei hörte. Wo waren diese sechs Jahre geblieben? Er blickte von seiner Schüssel auf, und alles, was ich sah, waren diese von seiner Mutter geerbten großen braunen Augen. Zum ersten Mal bemerkte ich, wie rot seine Haare geworden waren. Sie schimmerten fast in demselben Ton wie die Haare seiner Großmutter, die er nie gesehen hatte und auch nie sehen würde. Meine Mutter hätte diese beiden geliebt und verwöhnt.

Todd erwiderte meinen Blick mit einem Stirnrunzeln. »Was ist los, Dad? Gefallen dir unsere Karten nicht?« Ich versicherte ihm, daß es die schönsten Vatertagskarten wären, die ich je gesehen hätte. Dann vernahm ich den Hupton. Meine Golfpartner waren eingetroffen. Ich stand auf, umarmte die beiden noch einmal und lief zur Garage. Sie kamen hinter mir her. Als ich die Auffahrt erreicht hatte, sagte Todd: »Spiel gut!«, und Glenn rief: »Ich hoffe, du gewinnst!«

Ich winkte und lief die Auffahrt hinunter zu dem Auto, in dem ich erwartet wurde. Bob sprang vom Fahrersitz, um die Hintertür seines Kombis zu öffnen, damit ich meine Golfschläger verstauen konnte. Ich sagte »Guten Morgen« und noch einige andere Worte. Bob runzelte die Stirn, schüttelte verärgert seinen Kopf, stieg zurück ins Auto und schlug die Türe zu. Er ließ den Motor an und raste davon.

Ich stand da in meinem Arnold-Palmer-Hemd mit den passenden Hosen und hatte Mühe zu verstehen, was ich getan hatte. Meine zwei Jungen in ihren Schlafanzügen sahen mir von der Garage aus zu und waren nicht weniger erstaunt als ich.

Schließlich kam Todd die Auffahrt heruntergerannt und stürzte sich in meine Arme. Ich vergrub mein Gesicht an seiner schmalen Brust, bis er meinen Kopf zurückstieß und fragte: »Daddy, warum weinst du?«

Was sollte ich ihm antworten?

Konnte ich ihm sagen, daß diese Tränen all den Stunden, Tagen und Jahren galten, die ich Projekten, Sitzungen und Golfrunden gewidmet hatte, die es auch dann noch geben wird, wenn meine zwei kleinen Männer zu großen Männern geworden waren und mich für immer verlassen hatten?

II

Am nächsten Morgen diktierte ich mein Kündigungsschreiben an J. Milton Hadley unter Berücksichtigung einer einmonatigen Kündigungsfrist. Wie nicht anders erwartet, vernahm ich vier Tage später eine mir bekannte Stimme am Telefon.

»Mark, was ist los?«

»Hallo, Martha, wie geht's der besten Direktionssekretärin weit und breit?«

»Wichtig ist nicht, wie es mir geht, sondern was mit Ihnen los ist.«

»Mir geht's blendend. Ich habe das Gefühl, alle Last der Welt wäre von meinen Schultern gefallen, und jetzt, wo ich mich davon befreit habe, merke ich erst, wie schwer sie gewesen ist.«

»Mr. Hadley hat Ihren Brief gelesen.«

»Und? … «

»Er möchte Sie möglichst schnell in seiner Villa sehen.«

»Das habe ich mir gedacht, aber es ist sinnlos. Mein Entschluß ist unwiderruflich.«

»Mark, mich müssen Sie nicht überzeugen! Ich kenne Sie besser als er. In den letzten fünf Jahren habe ich schon öfter versucht, Sie zu überreden, Ihre Meinung zu ändern, und bin bei dem unerschütterlichen, unbeugsamen, unbestechlichen Mr. Christopher auf Granit gestoßen! Trotzdem – er möchte Sie sehen, natürlich zu einem Zeitpunkt, der Ihnen angenehm ist.«

»Geht in Ordnung. Wo ist er?«

»Er hält in Los Angeles eine Rede vor der American Bankers Association, aber er wird heute spätabends zurückkehren.«

»Wie sieht sein Terminplan morgen aus?«

»Voll wie immer. Aber es gibt nichts, was nicht fallengelassen werden könnte.«

»Gut, ich werde um die Mittagszeit dort sein. Meine Sekretärin wird Ihnen meine Ankunftszeit mitteilen, sobald sie eine Flugreservierung hat.«

»Sie werden am Flughafen abgeholt.«

»Wunderbar.«

»Mark?«

»Ja, Martha?«

»Sie Dummkopf!« Und dann war die Verbindung weg.

Die Achtundzwanzig-Zimmer-Villa von J. Milton Hadley befand sich auf einer Anhöhe mit Blick auf den Lake Michigan. Ein Flügel des Gebäudes bestand allein aus der riesigen mit Teakholz verkleideten Bibliothek. Warum er den Raum seine Bibliothek nannte, war allen ein Rätsel, war dort doch, einmal abgesehen von einer großen ledergebundenen Bibel, die angeblich George Washington persönlich gehört hatte, kein einziges Buch zu sehen. »Ich bin kein Bücherwurm«, erklärte er jenen, die für wichtig genug erachtet wurden, in sein Allerheiligstes vorgelassen zu werden, »Ich bin ein ›Mensch der Tat‹.«

Er saß an seinem riesigen, aus dem Orient stammenden, handgeschnitzten Schreibtisch. Direkt über ihm hing ein Ölgemälde, das lebensgroß Dwight Eisenhower in Generalsuniform darstellte. Anscheinend war Mr. Hadley Ikes größter Spender in seinen beiden erfolgreichen Präsidentschaftskandidaturen gewesen. Als Dank wurde ihm der Botschafterposten in Italien angeboten, was er jedoch ablehnte, mit der Begründung, weder Spaghetti noch Opern zu mögen und sich in Rom nach drei Monaten tödlich zu langweilen.

Links von Mr. Hadley saß, wie immer mit sorgenvoller Miene, Morris Rosen, Vizepräsident und Syndikus von Treasury Insurance Company, und rechts von ihm Wilbur Gladstone, Vizepräsident und Controller. Nachdem ich allen die Hand gegeben hatte, wies mir Mr. Hadley den leeren Stuhl gegenüber an – wodurch ich zur perfekten Zielscheibe für ein Kreuzverhör durch die drei wurde.

Der alte Herr hatte noch nie viel von Small Talk gehalten. Er lehnte sich etwas nach vorne, korrigierte den Sitz seiner goldgeränderten Brille und räusperte sich.

»Mark, Sie sind einer der größten Aktivposten unserer Firma. Ich habe immer gesagt, unser Reichtum und unsere Stärke liegen nicht in unseren Investitionen, sondern in Menschen wie Ihnen, die sich täglich an der vordersten Front bewähren. Sie haben in den zwölf Jahren Ihrer Betriebszugehörigkeit Wunder bewirkt, und dabei sind Sie immer noch ein so junger Mann. Wirklich, ich bin sehr stolz auf Sie. Letztes Jahr hat Ihr Bezirk Versicherungsverträge über fast eine Milliarde Dollar abgeschlossen, und die Fluktuation unter Ihren Vertretern ist wahrscheinlich die geringste in der gesamten Branche. Sie sind für diesen Job geschaffen, und ich kann nicht glauben, daß Sie all diese Jahre der harten Arbeit und Aufopferung einfach zur Seite wischen wollen.«

Ungeduldig wühlte er auf seinem Schreibtisch in einem Stapel von Unterlagen. Schließlich hielt er mein Kündigungsschreiben hoch und wedelte wie mit einem Fächer damit herum. »In Ihrem Brief nennen Sie keinen Grund, warum Sie unsere Firma verlassen wollen. Ich finde, Sie schulden mir zumindest eine Erklärung. Würde es Ihnen etwas ausmachen, in diesem kleinen Kreis zu sagen, wie es zu dieser plötzlichen Entscheidung, falls es tatsächlich eine plötzliche war, gekommen ist?«

Während meines Fluges von Boston hatte ich mir überlegt, welche Fragen mir gestellt werden könnten, und meine Antworten auf einen Block geschrieben, wo ich sie so lange veränderte und verbesserte, bis sie mich zufriedenstellten. Doch jetzt war alles anders, jetzt, wo ich vor diesem großen Mann saß, den ich so sehr respektierte, der in weniger als fünfzig Jahren eine Firma mit einem Kapital von mehr als zwei Milliarden Dollar aufgebaut hatte und dessen Leistungen mehr als zwei Spalten im *Who's Who in America* ausfüllten.

Ich zwang mich, ihm direkt in die Augen zu sehen. »Mr. Hadley, seit ich in diese Firma eingetreten bin, war ich fast täglich von früh bis spät damit beschäftigt, Karriere zu machen. Ich ging von einer Herausforderung zur nächsten, als ob alles nur ein Spiel wäre, ein Spiel, das ich, davon war ich überzeugt, gewinnen würde. Erst vor kurzem dämmerte mir, daß die Verlierer in meinem Spiel, so wie ich es spielte, die drei Menschen sind, die mich lieben und am meisten brauchen – meine Frau und meine beiden Söhne. Der Preis, den sie all diese Jahre bezahlen mußten, war einfach zu hoch.«

Mr. Hadley runzelte die Stirn und strich mit seinem Finger über ein rosa Blatt Papier, das zuoberst auf seinem Stapel lag. »Aber Mark, Sie können sie doch für ihre Opfer entschädigen. Es ist Ihnen doch möglich, ihren Wünschen und Bedürfnissen auf eine Weise nachzukommen, um die Sie neunundneunzig Prozent der Bevölkerung dieses Landes beneiden würden.«

Ich schüttelte den Kopf. »Ich befürchte, Sie verstehen mich nicht, Mr. Hadley. Mein Entschluß hat sehr wenig mit Geld und sehr viel mit Zeit zu tun. Wo war ich, als mein älterer Sohn sein erstes Spiel in der Jugendliga hatte? Oben in Portland bei einem Verkaufsmeeting. Was sage ich gewöhnlich zu meinem jüngeren Sohn, wenn er mich bittet, mit ihm Tischtennis oder Football zu spielen? Daß ich zu beschäftigt oder zu müde bin, aber morgen sicherlich Zeit für ihn haben werde. Nun ist mir aber gerade bewußt geworden, daß ich keine Garantie habe, ein Morgen zu erleben. Keiner von uns hat sie. Als meine Frau diesen schrecklichen Autounfall hatte, konnte ich erst nach sieben Stunden ausfindig gemacht werden; ich war mit einem neuen Zweigstellenleiter auf dem Land in New Hampshire unterwegs, um ihn dort einzuführen. Wissen Sie, daß ich an den Fingern einer Hand abzählen kann, wie oft ich in den letzten zwölf Monaten, die vergangene Woche ausgenommen, mit der ganzen Familie eine gemeinsame Mahlzeit eingenommen habe? Diesen drei wunderbaren Menschen fehlt der Ehemann und der Vater! Statt dessen besitzen sie einen Geldautomaten, der ab und zu auftaucht, seine Kleidung wechselt und wieder fortgeht. Sie haben Anspruch auf mehr, und das gleiche gilt auch für mich. Solange ich es noch kann, werde ich alles daransetzen, den sprichwörtlichen ›Duft der Rosen‹ zu genießen.«

Morris Rosen, der wild auf seinem Notizblock herumgekritzelt hatte, hob seinen Stift und sagte: »Aber besteht nicht ein Teil Ihres Problems darin, wie Sie Ihre Freizeit nutzen? Unterrichten Sie nicht noch an einer Universität? Diese Zeit, die Ihrer Familie weggenommen wird, hat nichts mit Treasury Insurance zu tun.«

»Sie haben recht, Morris. Außerdem spiele ich an den Wochenenden viel Golf. Das gebe ich auch auf, genauso wie meine Lehrtätigkeit an der Universität. Ich beende diese dumme Hetzjagd, in die ich mich hineinmanövriert habe. Ich bin dankbar für das, was ich habe, und überlasse es den anderen, bei diesem Non-Stop-Marathon mitzumachen. Es muß eine bessere Art zu leben geben. Ich will aussteigen und mich auf die Suche danach begeben.«

Mr. Hadley seufzte: »Gut gesprochen, Mark, aber vergessen Sie nicht, daß selbst Thoreau am Ende die Wälder verlassen mußte. Ich dachte, Ihre Art zu denken wäre nach den Sechzigern aus der Mode gekommen. Heute wollen die Menschen sich doch eher einbringen als aussteigen. Ich nehme an, Sie sind finanziell unabhängig genug, um das Risiko, das eine solch radikale Lebensumstellung mit sich bringt, gering zu halten?«

»Nein, Mr. Hadley, ganz und gar nicht. Louise und ich haben uns nie sehr um die Zukunft gesorgt. Wir lebten unseren Verhältnissen entsprechend. Ich glaube, wir besitzen so ungefähr dreißigtausend Dollar in Aktien und Sparguthaben, aber das ist es dann auch.«

Zum ersten Mal ging ein Lächeln über sein Gesicht. »Ist das nicht eine ungewöhnliche finanzielle Situation für jemanden, der eine solch phantastische Karriere damit gemacht hat, andere zu überzeugen, einen Teil ihres Einkommens in Lebens- und Rentenversicherungen anzulegen, um in schlechten Zeiten ein Polster zu haben?«

Ich lächelte zurück. »Möglicherweise, aber ich habe immer geglaubt, mit schlechten Zeiten besser als andere fertig zu werden.«

Sein Lächeln erlosch. »Aber Sie werden bestimmt eine schöne Summe erhalten, wenn Sie sich Ihre Rente und Ihre Gewinnbeteiligung ausbezahlen lassen?«

»Leider nicht. Ich habe beides letztes Jahr, so hoch ich konnte, beliehen. Mein Vater erlitt zwei Herzinfarkte und verbrachte ungefähr fünf Monate im Krankenhaus. Das und dazu noch die zwei Spezialisten und die vielen Hauspflegerinnen, die er benötigte, haben sowohl meine Rente als auch meine Gewinnbeteiligungen aufgezehrt.«

»Und wie geht es Ihrem Vater jetzt?«

»Er ist letzten Dezember gestorben.«

»Das tut mir leid … und verzeihen Sie mir all diese persönlichen Fragen. Ich tue das nur, weil Sie mir wirklich etwas bedeuten. Und wie steht es mit Ihrem Haus? Haben sie es so gut wie abbezahlt? »

»Nein, Mr. Hadley. Als ich für Treasury den Bezirk Neu-england, Staat für Staat, aufgebaut habe, mußten wir sie-benmal umziehen. Das Haus in Brookline, in dem wir jetzt wohnen, ist das erste, das uns gehört, und das erst seit zwei Jahren. Beim Kauf haben wir nur die Mindestsumme anbezahlt, und wenn wir es verkaufen, müssen wir, in Anbetracht der Entwicklung auf dem Immobilienmarkt, froh sein, keinen Verlust zu erleiden.«

Mr. Hadley beugte sich nach vorne und sah mißbilligend einen geöffneten Aktenordner an. »Und was sagt Louise zu Ihrem Entschluß?«

»Um ehrlich zu sein, sie glaubt nicht, daß ich dabei bleibe. Als ich mich am Flughafen von ihr verabschiedete, war sie sicher, daß ich nach dem Treffen mit Ihnen meinen Entschluß ändern würde, aber im Grunde hofft sie, daß ich es nicht tue. Sie hat mich die ganze Zeit unterstützt und steht auch jetzt voll und ganz hinter mir. Doch neulich sagte sie mir, sie hätte nicht gewußt, daß der alte Spruch, in der Ehe in guten und schlechten Zeiten zusammenzuhalten, beinhaltet, den Ehemann weder beim Frühstück noch beim Mittag- oder Abendessen zu sehen.«

»Sie haben zwei Söhne, Mark?«

»Ja, zwei wunderbare Kinder.«

»Ich nehme an, daß Sie die beiden zu gegebener Zeit aufs College schicken wollen?«

Mir war klar, daß ich von einem Experten bearbeitet wurde. Ich mochte diesen Mann, und es gab keinen Grund, der Frage auszuweichen. Also nickte ich lediglich.

Mr. Hadley rieb für einige Minuten seine Stirn. »Irgend etwas muß ich nicht begriffen haben, mein Sohn. Sie sind erst sechsunddreißig Jahre alt. Sie haben mindestens noch einmal so viele Jahre vor sich, und die meisten davon können sehr produktiv sein. Ich weiß auch, daß Sie ein rational denkender und kluger Mann sind, und gerade das verwirrt mich. Ihr finanzieller Rückhalt stellt den Lebensunterhalt für Ihre Familie, wenn überhaupt, nur für einige Jahre sicher. Dabei müßten Sie allerdings Ihren Lebensstil beträchtlich einschränken. Treasury Insurance war für viele Jahre Ihr Leben, und Sie sind dafür gut bezahlt worden. Wie wollen Sie Ihre Familie unterhalten? Was genau wollen Sie mit dem Rest Ihres Lebens anfangen?«

Ich zögerte, weil ich wußte, daß mein Plan bei den dreien höchstwahrscheinlich ein schallendes Gelächter auslösen würde. Mr. Hadley mißdeutete mein Schweigen und dachte wohl, daß dies der ideale Moment für seinen Überraschungscoup wäre. Er erhob sich, lief um den Schreibtisch herum und legte seine Hand auf meine Schulter.

»Mark, wie Sie wissen, geht es Sam Larson seit einiger Zeit gesundheitlich nicht gut. Er hat nun um eine vorgezogene Pensionierung nachgesucht, und wir haben dem zugestimmt. Ich offeriere Ihnen seinen Posten als Vizepräsident und Leiter des Verkaufs der gesamten Firma. Ihr gegenwärtiges Einkommen würde sich mehr als verdoppeln, zuzüglich sonstiger Vergünstigungen, und Sie könnten sofort mit Ihrer neuen Arbeit beginnen. Natürlich müßten Sie mit Ihrer Familie nach Chicago oder Umgebung ziehen, und Sie müßten darauf gefaßt sein, nahezu täglich mit mir zu tun zu haben, aber ich glaube, wir könnten beide damit zurechtkommen. Bitte, verstehen Sie mich nicht falsch. Es handelt sich hier nicht um eine spontane Entscheidung unsererseits. Wir wußten seit einiger Zeit um Sams Zustand, und Ihre Nachfolge ist bereits bei zwei Vorstandssitzungen besprochen worden. Ihr Kündigungsschreiben hat nur bewirkt, daß wir uns ein wenig schneller bewegen mußten als vorgesehen. Was sagen Sie dazu?«

Was sollte ich sagen? Ich war fassungslos. Seit dem Tag, an dem ich zum ersten Mal einen Versicherungsvertrag abgeschlossen hatte, war dies mein Ziel gewesen. Ich wollte das anscheinend Unmögliche erreichen, ich wollte bis an die Spitze kommen, ausgestattet mit Macht und mit mehr Geld, als ich je ausgeben konnte, zusammen mit der günstigen Ausgangsposition, eines Tages vielleicht die dynamischste und rentabelste Versicherungsgesellschaft der Welt zu leiten. Morris und Wilbur lächelten, nickten gleichzeitig und lehnten sich erwartungsvoll zurück.

Mr. Hadley, der immer noch meine Schulter klopfte, fuhr fort: »Nun Mark, Sie müssen sich nicht heute entscheiden. Sicherlich wollen Sie mit Louise darüber sprechen und sich überlegen …«

Er hielt inne, weil ich meinen Kopf schüttelte. »Ich muß nicht mit Louise darüber sprechen. Sie sagte mir am Flughafen, daß sie mit jeder Entscheidung einverstanden sein würde, auch wenn ich meine Meinung ändere. Aber ich habe meine Meinung nicht geändert, Mr. Hadley. Ich danke Ihnen für Ihr phantastisches Angebot, es ehrt mich, aber ich muß es zurückweisen.«

Der alte Mann nahm rasch seine Hand von meiner Schulter und kehrte zu seinem Sessel zurück. Morris und Wilbur starrten auf ihre Schuhe. Mr. Hadley klopfte mit seinem Kugelschreiber gegen einen großen Aschenbecher aus Marmor, seine Augen ruhten auf einem silbergerahmten Sepiadruck, der sich in der Ecke seines Schreibtisches befand – es war ein altes verblichenes Foto von ihm, der verstorbenen Mrs. Hadley und ihren vier Kindern.

Schließlich sagte er ruhig: »Nun, ich kann Ihnen keine guten Noten für gesunden Menschenverstand erteilen, andererseits bewundere ich Ihren Mut. Aber ich vermisse immer noch Ihre Antwort auf meine Frage: Was wollen Sie mit all Ihrer freien Zeit anfangen? Wie wollen Sie für diejenigen sorgen, die von Ihnen abhängen? Was wollen Sie mit dem Rest Ihres Lebens anstellen?«

Keiner der drei lachte, als ich es ihnen offenbarte. Statt dessen sahen sie aus, als ob ich ihnen gerade eröffnet hätte, morgen vom Dach des John-Hancock-Gebäudes in die Tiefe springen zu wollen.

Meine Unabhängigkeitserklärung war kurz, doch ich benötigte allen Mut, den ich aufbringen konnte, um zu sagen: »Ich werde Schriftsteller!«

III

Der schmerzhaften Trennung in Mr. Hadleys Bibliothek folgte eine weitere große Veränderung in unserem Leben, eine, die selbst unsere engsten Freunde und Verwandte annehmen ließ, wir hätten beide den Verstand verloren.

Wir kauften einen Leuchtturm!

Todd und Glenn waren gerade zur Schule gegangen und Louise und ich bei unserer zweiten Tasse Kaffee angelangt, als das Telefon läutete. Am Apparat war Bob Boynton, Zweigstellenleiter in Keene, New Hampshire. In den letzten fünf Jahren waren wir gute Freunde geworden, obwohl er mir mindestens zwanzig Jahre an Alter und Marketingerfahrung voraus hatte. An Bob schätzte ich am meisten, daß er trotz meines relativ jugendlichen Alters nie einen herablassenden Ton annahm, wenn er mich Chef nannte. Bob, der seine Leute straff zu führen pflegte, steigerte seine Umsatzzahlen Jahr für Jahr, so daß sein Gebiet zu den ersten in unserem Bezirk zählte.

»Mark, ehrlich, du fehlst mir«, sagte die rauhe Stimme.

»Du fehlst mir auch, Bob. Wie läuft es?«

»Ganz gut. Sieht so aus, als ob wir hier oben wieder ein Rekordjahr haben werden.«

»Ich hätte von dir auch nichts anderes erwartet.«

»Seid ihr immer noch auf Haussuche?«

»Ja, immer noch. Nenn mir einen Ort in Neuengland, und ich versichere dir, daß wir in den letzten drei Monaten dort gewesen sind. Obwohl wir mindestens zehntausend Meilen zurückgelegt haben, haben wir immer noch nicht das gefunden, was wir uns vorstellen, zu einem Preis, den wir uns leisten können. Du kennst Louise. Sie sagt immer, wir würden es spüren, wenn wir das Haus sehen, das für uns bestimmt ist.«

»Habt ihr euer Haus verkauft?«

»Ja, wir haben es verkauft und den Vertrag bereits unterzeichnet. Der Käufer ist ein leitender Angestellter von IBM, der von Dallas hierher versetzt wird. Zu unserem Glück wird er nicht vor dem ersten Februar einziehen. Wir können also noch drei Monate im Haus bleiben. Bis dahin bezahlen wir ihm Miete, aber langsam macht sich doch Panik bei uns breit.«

»Gut, du kannst dich entspannen, alter Freund, denn ich habe euer neues Zuhause gefunden, so ungefähr fünfzehn Meilen von hier, zwischen Jaffrey und Jaffrey Center. Ich bin mir sicher, ihr werdet eure Suche für beendet erklären, sobald ihr es gesehen habt.«

»Wie kommst du dazu? Machst du nebenher noch ein bißchen Immobiliengeschäfte?«

»Du scherzst! Wann denn? Von Mitternacht bis Sonnenaufgang? Sagt dir der Name Joshua Croydon etwas?«

»Ich habe den Namen schon gehört, aber ich weiß nicht, in welchem Zusammenhang.«

»Nun, Joshua Croydon war ein bekannter Botaniker. Seine Kinderbücher über die Wunder der Natur sind etwas vom Feinsten.«

»Richtig, ich glaube, Todd besitzt einige davon. Aber was hat Joshua Croydon zu tun mit …«

»Joshua Croydon ist vor sechs Wochen im Alter von neunundsiebzig Jahren gestorben. Er hatte eine Versicherung bei Treasury abgeschlossen, und ich bin gestern zu seinem Haus in der Nähe von Jaffrey gefahren, um seiner Witwe beim Ausfüllen der Formulare für die Auszahlung zu helfen. Ihr Haus befindet sich auf einem Hügel, ungefähr eine Viertelmeile von der Fernstraße 124 entfernt. Einhundertzwanzig Ar Land gehören dazu, wovon ein Drittel von Mr. Croydon als Garten mit Rasen, Blumen und Gemüsebeeten angelegt wurde. Der Rest ist mit Ahornbäumen und hohen Kiefern bewachsen. Das Haus ist mindestens siebzig Jahre alt und wurde von einem alten Kapitän gebaut, der von Bath in Maine aus Walfischfang betrieben hat. Es besitzt fünf Zimmer und vier offene Kamine. Innen sind noch die originalen Holzvertäfelungen und Balkendecken erhalten. Vor sechs Jahren wurde es von den Croydons komplett isoliert. Außen hat es weiße Schindeln und ein solides Dach. Es gibt auch noch die große Scheune, die als Garage genutzt wurde. Mrs. Croydon erzählte mir, daß sie das Haus zum Verkauf ausschreiben wolle. Für sie allein ist es in ihrem Alter zu viel Arbeit. Ich sagte ihr, daß ich einen Interessenten kenne, und sie versprach mir, mit der Einschaltung des Immobilienbüros zu warten, bis sie von mir Bescheid erhalten habe.«

»Hat sie gesagt, wieviel sie verlangt?«

»Neunundfünfzigtausend Dollar. Und es ist jeden Cent dieser Summe wert, selbst bei dem gegenwärtig flauen Immobilienmarkt. Und das ist noch nicht alles. Das Beste habe ich mir bis zum Schluß aufbewahrt.«

»Wie jeder gute Verkäufer.«

»Nein, nein! Warte, bis du es gehört hast. Mark, bei der Abschiedsparty, die wir für dich gegeben haben, hast du gesagt, du wolltest Schriftsteller werden. Ist es dir ernst damit?«

»Todernst.«

»Also, dann hör mir mal gut zu. Auf dem Besitz der Croydons, ungefähr dreißig Meter vom Haus entfernt, steht ein Leuchtturm!«

»Ein was?«

»Ein Leuchtturm, etwa vierzehn, fünfzehn Meter hoch.«

»Bob, der Atlantik befindet sich mindestens sechzig Meilen östlich von Jaffrey. Was um Himmels willen hat ein Leuchtturm im Südwesten von New Hampshire zu suchen?«

»Das weiß ich auch nicht so genau. Mrs. Croydon meinte, der Bauherr, dieser alte Seekapitän, hätte sich nach seiner Pensionierung zum Gedenken an seine glorreiche Zeit auf den alten Schonern einen Leuchtturm gebaut. Aber Mark, es geht noch weiter. Als die Croydons eingezogen sind, hat Joshua Croydon keine Ausgaben gescheut, um diesen Leuchtturm in sein Schreibrefugium zu verwandeln. Du solltest ihn sehen! Er ist innen von unten bis oben mit Kiefernholz verkleidet, und in der Mitte befindet sich eine schmiedeeiserne Wendeltreppe. An den Wänden sind Bücherborde angebracht, die man von der Wendeltreppe aus erreichen kann, genügend Bücherborde, um all deine Bücher unterzubringen.«

»Es klingt fast zu gut, um ...«

»Laß mich mein Verkaufsgespräch zu Ende führen. Ich habe dir bereits gesagt, daß sich das Anwesen auf einem Hügel befindet. Nun, wenn du alle Treppen im Leuchtturm hinaufgestiegen bist, kommst du in ein rundum mit Thermopanescheiben verglastes Turmzimmer mit Klubsesseln und einem Tisch anstelle von Leuchtkammern und Leuchtturmfeuern, die verirrten Schiffen den Weg weisen sollen. Dort stehst du in deinem eigenen kleinen Himmelreich und hast eine Sicht auf den nur sechs Meilen entfernten Mount Monadnock, die dir den Atem verschlägt. Und du bist so hoch oben, daß du an einem klaren Tag sogar die höchsten Berge von Massachusetts und Vermont sehen kannst. Der Leuchtturm hat sogar einen eigenen Kamin und Ölofen. Du kannst dort den ganzen Winter über schreiben, wie das Mr. Croydon gemacht hat. Mark, wenn du den Kieferduft einatmest und die friedvolle Ruhe um dich herum spürst, wirst du dein Scheckbuch zücken, davon bin ich überzeugt! Du bist es dir, Louise und den Kindern schuldig, dieses Juwel anzuschauen.«

Wir fuhren zu viert hin, und es war Liebe auf den ersten Blick. Wir tauschten unsere zwei Autos gegen einen Jeep Wagoneer mit Vierradantrieb und fuhren Anfang Januar zu unserem neuen Domizil. Zwei Möbelwagen begleiteten uns, einer davon enthielt mehr als hundert Kartons mit meinen Büchern. Ein Kombi war vor dem Haus geparkt, und als wir die geschwungene Auffahrt hinauffuhren, sah ich Mrs. Croydon und eine andere Frau aus dem Auto steigen. Sie stellte uns ihrer Tochter vor, die gekommen war, beim Packen der restlichen Dinge zu helfen. Hinterher wollte sie die alte Dame zu ihrem neuen Heim fahren, einer kleinen Wohnung in der Nähe ihres eigenen Hauses in Nashua.

Mrs. Croydon, die mir viel kleiner und zerbrechlicher vorkam als bei unserem letzten Treffen in der Bank, versagte beim Reden immer wieder die Stimme. Mit einem wehmütigen Lächeln sagte sie: »Wir haben uns vorgenommen, auf Sie zu warten, weil Sie gesagt haben, Sie würden wahrscheinlich vor zwölf Uhr hier sein. Irgendwie schien es mir nicht richtig, die Schlüssel einfach in den Briefkasten zu werfen. Ich möchte sie Ihnen lieber persönlich übergeben, Mr. Christopher, und Ihnen, Ihrer Frau und den lieben Kindern so viel Glück in diesem Haus wünschen, wie es Joshua und mir mehr als dreißig Jahre lang beschieden war.«

Ihre Hände zitterten, als sie mir den Schlüssel reichte. Dann drehte sie sich um und sah die Haustüre an, ihre zarten Schultern erschlafften sichtbar. Sie schüttelte traurig den Kopf. »Joshua war nicht da, um an Weihnachten die Girlande an die Türe zu hängen. Ich weiß einfach nicht, wie man sich von einem Ort verabschiedet, der tausend schöne Erinnerungen birgt.«

Dann drehte sie sich um und umarmte Louise, die mit

den Tränen kämpfte. »Mrs. Christopher, bitte hören Sie auf eine alte Frau: Die Zeit geht so schnell vorüber. Genießen Sie jedes Jahr, genießen Sie jeden Tag, und seien Sie dankbar für das, was Sie haben. Halten Sie es nicht für selbstverständlich. Und bitte, passen Sie gut auf unser Haus auf.«

»Das tun wir, Mrs. Croydon«, schluchzte Louise, »wir versprechen es Ihnen.«

Die alte Dame warf einen Blick auf die dunklen Wolken, die nur einige Meter über dem Hügel hinwegzuziehen schienen.

»Es wird Zeit zu gehen. Ich rieche Schnee. Oh, fast hätte ich etwas vergessen! Kommen Sie mit mir, Mr. Christopher, es wird nicht lange dauern.«

Sie faßte nach meiner Hand und zog mich zur Scheune. Als wir durch das offene Tor in das modrige Halbdunkel traten, zeigte sie auf eine dunkle Ecke: »Hier ist eine Schneefräse; Sie werden sie hier oben gut gebrauchen können. Wir haben sie vor zwei Jahren gekauft, und nun gehört sie Ihnen. Es ist nicht einfach, die lange Zufahrt frei zu kriegen, die von der Fernstraße 124 zum Haus führt. Ich rate Ihnen, einen Mann namens Bill Lang in Jaffrey anzurufen. Seine Nummer finden Sie im Telefonbuch. Er ist nett und ehrlich und wird den Weg für Sie bahnen, wann immer es nötig ist – und glauben Sie mir, es wird nötig sein.«

Ich dankte ihr. Sie nahm erneut meine Hand. »Nun möchte ich mit Ihnen noch rasch zum Leuchtturm gehen.«

Die Türe des Turmes war nicht abgeschlossen. Sie drückte den Türgriff herunter und ließ mich eintreten. Das Geräusch unserer Schritte hallte von den holzverkleideten Wänden wider, deren Borde nun keine Bücher mehr enthielten. Im Erdgeschoß waren alle Möbel und Lampen entfernt worden, bis auf einen großen Schreibtisch aus Kiefernholz, auf dem eine ziemlich antiquiert aussehende Schreibmaschine stand.

Mrs. Croydons brüchige Stimme schallte durch den Leuchtturm: »Ich habe gehört, daß Sie Schriftsteller sind, Mr. Christopher.«

»Ich hoffe, einer zu werden.«

»Es ist ein sehr schwieriger und einsamer Beruf, und doch hat mein Mann, da bin ich mir ganz sicher, seine glücklichsten Stunden hier an diesem Schreibtisch verbracht, als er nach den richtigen Worten suchte, um seinen jungen Lesern die Beziehung zwischen Gott, der Natur und dem Menschen nahezubringen.«

Sie beugte sich über die Schreibmaschine, und ihre Finger strichen liebevoll über die abgenutzten Tasten. »Wann immer Joshua an einem Buch schrieb, brachte ich ihm abends, bevor ich zu Bett ging, eine Kanne heißen Tees herüber. Er unterbrach seine Arbeit gerade so lange, um mir zu danken und einen Gutenachtkuß zu geben. Und wenn ich zur Türe hinausging, sagte ich immer dieselben Worte: ›Hals und Beinbruch!‹ Wissen Sie, ich habe vor langer Zeit am Theater gearbeitet, und Schauspieler wünschen sich auf diese seltsame Weise Glück.«

Ich nickte: »Ja, ich weiß. Und jetzt, Mrs. Croydon,

sagen Sie mir auch noch, was all diese Pennys bedeuten, die an die Seite der Schreibmaschine geklebt sind?«

Ihr Gesicht leuchtete auf: »Jedesmal, wenn Joshua ein Buch zu Ende geschrieben hatte, klebte er einen Penny an die Maschine. Es sollten vierzehn dort sein. Er sagte, dies wären seine Kupferkerben, und jede bedeutete einen kleinen Sieg in seinem Kampf gegen Intoleranz und Unwissenheit.«

»Ich weiß, daß ich ihn gern gehabt hätte. Sagen Sie, wird noch jemand kommen, um seinen Schreibtisch und die Schreibmaschine abzuholen?«

»Oh, nein! Beides gehört hierher. Sie sind so sehr Teil dieses friedlichen Ortes wie der verglaste Raum oben. Erlauben Sie mir bitte, es Ihnen zu schenken, und ich hoffe, daß Sie hier auch so gute Arbeit leisten und innere Zufriedenheit finden werden wie Joshua.«

Einer plötzlichen Regung folgend, breitete ich meine Arme aus, und sie lehnte sich an mich. Ich spürte ihren zierlichen Körper zittern. Nach einer Weile sah sie zu mir auf, biß sich auf die Unterlippe und flüsterte: »Hals und Beinbruch, Mr. Christopher.«

IV

Bis Anfang März hatten wir uns ziemlich gut eingelebt. Todd und Glenn fanden schnell heraus, wie lange sie sich mit dem Frühstück Zeit lassen konnten, bevor sie den Hügel hinunterrasen mußten, um rechtzeitig von Mr. Flannery und seinem gelben Schulbus aufgenommen zu werden. Sobald sie aus dem Haus waren, machten Louise und ich uns an eine der endlos erscheinenden, aber notwendigen Aufgaben, die es nach einem Umzug zu erledigen gab.

Später, als Louise ihre täglichen Fahrten nach Keene aufnahm, um neue Vorhänge und die hundert anderen Haushaltsgegenstände zu besorgen, an die kein Mann je einen Gedanken verschwendet, begann ich meine Bücherkartons auszupacken und die einzelnen Exemplare auf den Borden des Leuchtturmes aufzustellen. Als sie endlich alle ihren Platz gefunden hatten, sahen die mehr als dreitausend Bände in ihren bunten Schutzumschlägen beeindruckend aus, wie sie sich in verjüngenden Runden bis ganz nach oben schlängelten.

Die unteren Borde, die ich von dem rauhen Granitboden aus erreichen konnte, waren für meine bevorzugten und wertvollsten Bände über das Thema Erfolg und wie sich dieser erringen läßt, reserviert. Dank einem Antiquar, den ich in der Beacon Street in Boston entdeckt hatte, besaß ich mehr als siebzig Erstausgaben, darunter Werke wie *Lectures to Young Men* von Henry Ward Beecher, *Self-Help* von Samuel Smile, *Ragged Dick* von Horatio Alger, *Acres of Diamonds* von Russell Conwell, *How to Win Friends and Influence People* (Wie man Freunde gewinnt) von Dale Carnegie, *How to Conquer Life* von Alexander Anthony und *The Power of Positive Thinking* (Die Kraft positiven Denkens) von Norman Vincent Peale.

Lange bevor der letzte Karton geleert war, begann ich an meinem Buch zu arbeiten. In den nach Kiefernholz duftenden Wänden meines Leuchtturms fühlte ich mich angenehm abgeschirmt gegen die Außenwelt und die ein Meter hohen Schneeverwehungen. Nach drei Tagen beherrschte ich Joshua Croydons eigenwillige alte Schreibmaschine und hämmerte die Worte in einem beachtlichen Tempo herunter, dank einem Kurs, den ich auf Drängen meiner Mutter in der letzten Klasse der High-School belegt hatte. Schreibmaschinenschreiben schien wie Reiten, Fahrradfahren oder Schwimmen eine Fähigkeit zu sein, die man nie verlernt.

Meine Mutter ... Vielleicht lag es nur an der Berührung der Schreibmaschinentasten nach so vielen Jahren, daß in diesen ersten Tagen meines einsamen Schreibens wiederholt Erinnerungen an sie und meine Kindheit die Konzentration störten.

Meine Mutter, diese sommersprossige Irin mit kastanienbraunem Haar und grünen Augen, hatte mich schon in ganz jungen Jahren überzeugt, daß ich eines Tages ein

Schriftsteller sein würde. »Und nicht nur irgendein Schriftsteller«, fügte sie dann jedesmal voller Inbrunst hinzu, »sondern ein berühmter Schriftsteller!« Woher diese große Erwartung an ihren einzigen Sohn herrührte, habe ich nie versucht herauszufinden, aber ich war in jeglicher Weise kooperativ, und zwar nicht nur um ihr zu gefallen, sondern auch weil ich es liebte, ihren lebhaften Beschreibungen zu lauschen, welch wundervolles Leben ich als berühmter Autor führen würde. Sie gab mir Kipling und Emerson zu lesen, als meine Spielkameraden sich noch mit »Dick and Jane« abmühten, und ich schrieb zu ihrer und meiner Unterhaltung Kurzgeschichten, lange bevor meine Schulkameraden gezwungen wurden, sich mit ihrem ersten englischen Aufsatz zu quälen.

Als mein letztes Jahr an der High-School zur Hälfte vorüber war, stand unser Plan fest. Ich bewarb mich an der Universität von Missouri und wurde auch angenommen. Nachdem wir Hunderte von College-Kataloge studiert hatten, waren wir übereingekommen, daß dort der beste Unterricht in Journalismus angeboten wurde. Mein Vater, Gott segne ihn, saß immer stumm, aber mit einem stolzen Funkeln in den Augen daneben, wenn er unseren Gesprächen über meine Zukunft lauschte.

Doch dann, sechs Wochen nach Abschluß der High-School, hörte das gute Herz meiner Mutter auf zu schlagen. Es gab keinerlei Vorwarnung. Sie war dabei, mir ein Sandwich mit Thunfischsalat für meinen Lunch zu richten, und im nächsten Moment lag sie tot zu meinen Füßen. Kein letztes Wort. Nichts.

Unser Traum wurde mit ihr begraben. Unfähig, mit diesem Schicksalsschlag fertig zu werden, gab ich trotz des inständigen Flehens meines Vaters alle Gedanken an das College und eine Karriere als Schriftsteller auf und wandte mich schließlich der Verkaufsbranche zu, wo ich erfolgreich war, bis mir zwei Jungen in Schlafanzügen, eine Vatertagskarte in der Hand, halfen, mein Leben neu zu bewerten.

Schreiben, davon bin ich überzeugt, ist die am wenigsten anerkannte kreative Kunst. Nur ein winziger Prozentsatz der Bevölkerung malt, bildhauert oder komponiert, aber alle schreiben – ob es nun Briefe, Einladungen, Einkaufslisten oder gar nur die Unterschrift auf einem Scheck sind. Deshalb glauben auch so viele, sie könnten, wenn sie die Zeit und das Verlangen hätten, ein annehmbares Buch oder einen Artikel schreiben.

Vorsichtig geschätzt, sind Tag für Tag oder Nacht für Nacht allein in den Vereinigten Staaten mindestens eine halbe Million Menschen damit beschäftigt, ein Buch zu schreiben. Jedes Jahr werden mehr als vierzigtausend neue Werke veröffentlicht. Die traurige Wahrheit ist, daß nur eine Handvoll davon Verkaufsziffern erzielt, die sowohl für den Verleger als auch den Autor gewinnbringend sind. Ist Schreiben also ein leichter Weg zu Erfolg und Reichtum? Kaum. Eine kürzlich im Auftrag der Schriftstellervereinigung durchgeführte Untersuchung ergab, daß das mittlere jährliche Einkommen einer großen Anzahl von Autoren, deren Werke veröffentlicht werden, weniger als fünftausend Dollar betrug!

Zum Glück war ich mir dieser furchterregenden Statistiken nicht bewußt, als ich mich jeden Tag an der alten Schreibmaschine von Joshua Croydon abmühte. Ich wußte, was ich schreiben wollte, und ich war mit Eifer bei der Sache. Meine Ausgangsbedingung war einfach. Ich glaubte und glaube immer noch, daß das enorme Wachstum unserer Nation während der ersten anderthalb Jahrhunderte zu einem Großteil auf die Motivation und Anleitung einer Gruppe einzigartiger Individuen zurückzuführen ist, die über Erfolg und wie dieser zu erreichen ist, schrieben, lehrten und oft auch predigten. In den nachfolgenden Generationen war jedes Kind mit dem amerikanischen Traum in seiner reinsten Form konfrontiert, in der Schule und zu Hause durch die Werke von Cotton Mather, Benjamin Franklin, Elbert Hubbard, Russell Conwell, Horatio Alger, Napoleon Hill und vielen anderen mehr (s. Literaturverzeichnis).

In der zweiten Hälfte dieses Jahrhunderts veränderten sich die Dinge – zu ihrem Nachteil. Als wir fett und selbstgefällig wurden, verhallten die Stimmen der alten Erfolgsapostel in der Ferne, sie wurden übertönt von den lauten Anpreisungen einer endlosen Reihe von Büchern, Kassetten und Seminaren, die das todsichere Rezept für Reichtum und den Aufstieg in die Chefetage – manchmal in dreißig oder noch weniger Tagen – zu besitzen vorgaben. Wie Modediäten gerieten diese schnellen und einfachen Lösungen für jedes Problem, diese sogenannten Blitzkuren, schnell in Vergessenheit, sobald sie ausprobiert und für nicht wirksam befunden wurden.

In meinem Buch wollte ich die alten, aus dem Gedächtnis verlorenen Erfolgsprinzipien wieder zum Leben erwecken – Verhaltensweisen, die sich für frühere Generationen als gut erwiesen und die auch mir so sehr geholfen haben.

Ich arbeitete mit meinen Notizen, die Louise von allen meinen Reden bei Tagungen aufbewahrt hatte, sowie den Quellenbüchern der wahren Meister des Erfolges aus meiner Leuchtturmbibliothek. Das Buch gewann langsam und unter großen Mühen an Form und Inhalt. Ich fertigte zuerst ein Konzept an, in dem ich alle bleibenden Gesetze des Erfolges, die ich behandeln wollte, erfaßte, um dann jedem einzelnen ein Kapitel zu widmen. Jedes Kapitel wurde geschrieben, korrigiert und neu geschrieben, und das immer und immer wieder – Seite für Seite, Satz für Satz, ja oft Wort für Wort. Es war mühevolle Arbeit. Gedanken und Vorstellungen, die ich klar in meinem Kopf hatte, schienen, auf Papier gebracht, oft konfus und nichtssagend. Also schrieb ich es nochmals und nochmals und nochmals. Ich machte keine Kompromisse. Jedes Kapitel wurde so konzipiert, daß es für sich allein bestehen konnte, Belehrung vermittelte und vor allen Dingen auch unterhaltsam zu lesen war. Es gab bereits genügend langweilige Bücher über Erfolg und wie er zu erzielen ist.

Ich entdeckte sehr rasch, daß Bücherschreiben etwas völlig anderes war, als eine Rede vorzubereiten und zu halten. Hatte ich ein Kapitel endlich zu meiner Zufriedenheit fertiggestellt, gab es keinen Beifall, kein anerkennendes Schulterklopfen, keine Standing Ovations, keine Glückwünsche für eine gut erledigte Aufgabe. Was für eine einsame Arbeit – ohne Feedback oder Ermutigung. Die Motivation mußte allein von innen kommen und stark genug sein, um all die gräßlichen Anfälle von Selbstzweifel, Verunsicherung, ja sogar unterschwelliger Angst zu überwinden. Ich mußte mich selbst vorantreiben, mußte an meinen Erfolg glauben, weil es für mich kein Zurück gab. J. Milton Hadley und Treasury Insurance warteten gewiß nicht darauf, mich aufzurichten und zu trösten, wenn ich strauchelte, und zudem lag die Zukunft der drei wichtigsten Menschen in meinem Leben nun mehr denn je in meiner Hand. So bewegte ich mich also im Schneckentempo vorwärts, Kapitel für Kapitel, Woche für Woche, Monat für Monat. Der Arbeitstitel meines Buches sollte weder provokativ noch besonders werbeträchtig sein. Er lautete schlicht und einfach »Eine bessere Art zu leben«.

Trotz der täglichen Stunden am Schreibtisch meines Leuchtturms vergaß ich nie den Grund, der mich hauptsächlich bewogen hatte, aus der Hetzjagd meines Berufslebens auszusteigen: mehr Zeit für meine Familie und die schönen Dinge des Lebens zu haben. Gemeinsam arbeiteten wir in Joshua Croydons altem Garten und gerieten über jedes aufgegangene Samenkorn so in Begeisterung, als ob wir auf unserem Hügel auf Öl gestoßen wären. Als unsere erste Tomate geerntet werden konnte, hätte man glauben können, ich hielte den Kohinoor-Diamanten in den Händen, so stolz trug ich sie ins Haus. Aus den ersten Gurken und dem ersten Lattich bereiteten wir den delikatesten Salat, den wir je gegessen hatten. Und außerdem stellte ich mich Todds Baseballmannschaft als Trainer zur Verfügung.

An den Wochenenden und auch häufig nachmittags, wenn die Jungen aus der Schule kamen, ließ ich meine Schreibmaschine im Stich. Wir zwängten uns dann zu viert in den Jeep Wagoneer und machten uns mit Hilfe der Landkarte auf die Suche nach einer neuen Entdeckung unter den endlosen Wundern von New Hampshire. Was für kostbare Erinnerungen!

Wir schwammen im Meer in Hampton Beach, mieteten ein Segelboot am Lake Sunapee und ließen uns vom Wind treiben, sahen die Pferderennen und aßen Zuckerwatte auf dem Jahrmarkt in Hopkinton, erklommen mit der Zahnradbahn den Gipfel von Mount Washington, warfen Münzen in den Wunschbrunnen in Santa's Village, starrten ehrfurchtsvoll auf Hawthorne's unsterbliches »Great Stone Face«, das von Schnee gekrönt war, machten eine Motorbootfahrt rund um die Inseln von Lake Winnipesaukee und knieten nieder, um vor dem riesigen Steinaltar der »Cathedral of the Pines« zu beten. Eine glückliche Familie zu haben, so schrieb einst ein weiser Mann, heißt, den Himmel auf Erden zu besitzen.

Bei meiner Karriere in der Versicherungsbranche hatte ich schon früh gelernt, daß Ziele ohne Plan und festen Termin wertlos waren. Für mein jetziges Ziel – die Fertigstellung des Buches – setzte ich mir deshalb eine Frist von zehn Monaten. Ich würde also für jedes der zwanzig Kapitel zwei Wochen Zeit haben. Ich verfehlte mein Ziel – bei weitem.

Die letzte Seite von »Eine bessere Art zu leben« wurde kurz nach dem Erntedankfest 1978 fertiggestellt, nahezu zwanzig Monate nach Beginn meiner Arbeit. Danach überprüfte Louise noch jede Seite auf Grammatik- und Schreibfehler und tippte die endgültige Reinschrift mit zwei Durchschlägen.

Auf einer unserer Fahrten nach Concord erwarben wir die neueste Ausgabe von Writer's Market, einem gewichtigen Werk, in dem jährlich die amerikanischen Verlage, ihre gegenwärtigen Chefredakteure und die Art von Büchern, die sie herausgeben, aufgezählt werden. Wir diskutierten stundenlang, welcher Verlag für uns der beste wäre, und am Ende fiel unsere Wahl auf ein führendes New Yorker Haus, weil es vor kurzem Erfolg mit mehreren Ratgeberbüchern gehabt hatte.

Ich erinnere mich noch gut an diesen einen Vormittag, als Louise mir das sorgfältig verpackte Manuskript in die Hand drückte, um damit zur Post zu gehen. Sie gab mir einen Kuß, und ihre Stimme klang zärtlich, als sie meinte: »Joshua Croydon wäre stolz darauf gewesen, was du mit seiner alten Schreibmaschine angestellt hast.«

V

Meine Begeisterung und mein Stolz über die Fertigstellung des Buches wurden bald von einem schrecklichen Gefühl der Leere verdrängt, das noch schlimmer war als die Entzugserscheinungen, unter denen ich nach der Niederlegung meines Postens bei Treasury Insurance gelitten hatte. Was sind wir alle doch für Gewohnheitstiere! Die Arbeit daran war zu einem solch wichtigen Teil meiner täglichen Routine geworden, daß ich nun, während ich auf meinen Urteilsspruch aus dem Verlagshaus an der Fifth Avenue wartete, nicht wußte, wie ich meine Tage ausfüllen sollte.

Ich war gerade damit beschäftigt, Familienfotos rund um den Kamin im Leuchtturm aufzuhängen, als Louise mich eines Morgens etwas unsanft in die Wirklichkeit zurückholte. »Nun, mein Lieber«, verkündete sie, »leg deinen Hammer weg. Wir haben einige Dinge zu besorgen, die nicht länger aufgeschoben werden können.«

»Ich bin bereit. Mir ist alles recht. Was möchtest du von mir?«

»Nun, fürs erste … einen Weihnachtsbaum.«

»Du lieber Himmel, ich bin so in diesem Buch aufgegangen, daß …«

Sie faßte mich bei der Hand und führte mich zur

Couch. Als wir uns gegenübersaßen, zog sie aus der Tasche ihrer Schürze gefaltete Blätter eines Schreibblocks und reichte sie mir.

»Was ist das?«

»Das, mein Schatz, sind die Wunschzettel deiner Söhne. Vielleicht hat in den langen Monaten des Schreibens dein Gedächtnis gelitten, und du weißt nicht mehr, daß wir sie jedes Jahr bitten, uns aufzuschreiben, was sie sich zu Weihnachten wünschen, damit wir dann anhand dieser Listen entscheiden können, was wir ihnen kaufen wollen.«

»Gut, wenn du jetzt Zeit hast, ich habe sie auch. In welche Geschäfte müssen wir gehen?«

»Du solltest dir lieber die Wunschzettel erst ansehen«, sagte sie mit heiserer Stimme.

Auf dem ersten Blatt, das ich entfaltete, stand »Glenn« und unter seinem Namen als einziger Wunsch: Plattenalbum der *Bee Gees, Saturday Night Fever.* Auf dem zweiten Blatt stand unter Todds Namen ebenfalls nur ein Wunsch: Neuer Baseballhandschuh.

Ich schüttelte verwundert den Kopf. »Ich verstehe das nicht. Die beiden hatten doch sonst immer eine lange Liste von Dingen, die sie gerne haben wollten, und obwohl wir nie auf alle ihre Wünsche eingegangen sind, war es für uns so doch um einiges einfacher.«

Louise starrte auf ihre Hände.

«Louise?«

Ich mußte mich vorwärtsbeugen, um sie zu verstehen. »Ich glaube, den Kinder ist klar, daß wir dieses Jahr jedem nur ein Geschenk machen können.«

Sie bemühte sich, ihre Tränen zurückzuhalten, doch dann nahm sie meine beiden Hände fest in die ihren. »Ich habe ihnen schon vor Monaten das Taschengeld gekürzt, und statt Geld für das Mittagessen gebe ich ihnen inzwischen etwas zu essen mit. Außerdem lasse ich mich nicht mehr so leicht anpumpen.«

Ich stöhnte und kam mir plötzlich dumm, unachtsam und ratlos vor. »Warum hast du mir nie etwas gesagt, Liebling? Ich wußte, daß das Geld knapp werden würde, aber das Buch hat mich so in Anspruch genommen, daß ich einfach nicht mehr daran gedacht habe.«

»Deshalb habe ich dir nichts gesagt, Mark. Ich wollte dich während des Schreibens nicht beunruhigen. Du warst beschäftigt genug. Und vergiß nicht, ich war in dieser Familie schon immer für die Finanzen zuständig. Erinnerst du dich noch, wie wir in den ersten Jahren die Köpfe über dem Küchentisch zusammengesteckt haben, um zu entscheiden, welche Rechnungen bezahlt werden mußten und welche bis zur nächsten Gehaltszahlung warten konnten? Als du dann befördert wurdest und mehr verdient hast, gab es immer weniger Zusammenkünfte dieser Art, und irgendwann waren sie überhaupt nicht mehr nötig. Jahrelang habe ich alle Rechnungen fristgerecht bezahlt. Du hattest nichts mehr damit zu tun und konntest dich ganz auf deinen Job konzentrieren. Es ist schwer für mich, diese Gewohnheit abzulegen, und meinen Stolz habe ich ja schließlich auch noch.«

Ich seufzte. »Gut, Zahlmeister, du hast die Last lange genug allein getragen. Jetzt kannst du sie mir übergeben.«

»Wir haben noch etwas mehr als viertausend Dollar auf unseren Spar- und Girokonten. Das wird in den nächsten drei Monaten gerade für die Hypothek, die Strom-, Gas- und Wasserrechnung und, wenn wir sparsam sind, für die Lebensmittel reichen.«

»Und was ist mit Weihnachten? Den Geschenken?«

Sie verbarg ihr Gesicht an meiner Schulter. »Ich weiß nicht, Liebling. Wir können es uns einfach nicht leisten ...«

Ich streichelte ihr übers Haar und versuchte, die richtigen Worte zu finden. »Louise, ich würde die letzten zwei Jahre nicht für alles Geld der Welt eintauschen. Wir haben alles getan, was wir tun wollten ... und das Buch ist geschrieben worden. Nun müssen wir Vertrauen haben, dieselbe Art von Vertrauen, mit der wir bisher alle Probleme gemeistert haben. Hör mir zu. Wir beide kaufen jetzt für die Kinder ein, so wie wir das immer gemacht haben. Hast du eine Ahnung, was sie außer diesem blöden Plattenalbum und Baseballhandschuh noch gerne hätten?«

»Sie brauchen dringend Kleidung, Mark. Du weißt, daß Jungen einen großen Verschleiß an Hemden, Hosen und Schuhen haben, und ich habe ihnen schon lange nichts Neues mehr gekauft. Langsam sehen sie aus wie zwei verwahrloste Waisenkinder.«

»Also komm, laß uns losgehen und einkaufen, wie wir das immer gemacht haben.«

»Nein, Mark«, schrie sie auf und schüttelte den Kopf. »Nicht wie wir das immer gemacht haben. Das können wir uns nicht mehr leisten.«

»Gut, wir setzen uns ein Limit: einhundert Dollar für jedes Kind, und wir beide schwören, nicht mehr als fünfzig Dollar für den anderen auszugeben. Versprochen?«

»Versprochen«, sagte sie mit einem matten Lächeln.

»Unter einer Bedingung.«

»Und die wäre?«

»Du kümmerst dich weiterhin ums Verpacken.«

Im Leuchtturm, der zur verbotenen Zone erklärt wurde, bewahrten wir die Geschenke auf, die Louise und ich in den nächsten zwei Wochen kauften. Wir fuhren nach Keene und Peterborough und an einem Tag sogar bis hinunter nach Boston auf der Suche nach Sonderangeboten im Untergeschoß unseres Lieblingskaufhauses Jordan Marsh. Die drängelnde Menge, die Weihnachtslieder aus den Lautsprechern, das Lachen, die leuchtenden Gesichter der Kinder, die kirchlichen Chöre in den verschiedenen Einkaufszentren, all dies wirkte heilend auf unsere Niedergeschlagenheit. Für mich war alles ein Genuß, bis auf die schmerzhaften Entscheidungen, die wir – gewöhnlich in lauten, überfüllten Restaurants – treffen mußten, um unsere sparsamen Einkäufe gerecht unter den beiden Jungen aufzuteilen.

Am Samstag vor Weihnachten fuhr ich Todd auf seinen Wunsch hin zum Sears-Kaufhaus nach Keene, um den Weihnachtsmann zu sehen. Ich werde diesen staunenden und ehrfürchtigen Blick auf seinem Gesichtchen nie mehr vergessen, als er steif auf den Knien des Weihnachtsmannes saß und mit stockender Stimme wiederholte, das ganze Jahr über ein braver Junge gewesen zu sein. Aber was danach folgte, wird mir noch mehr im Gedächtnis bleiben. Als wir das Kaufhaus verlassen wollten, ließ er plötzlich meine Hand los und rannte zurück zu einem Regal, in dem der größte Teddybär, den ich je gesehen hatte, ausgestellt war.

»Daddy«, schrie er und zeigte mit dem Finger auf ihn, »kann ich den Mom zu Weihnachten schenken?«

»Ein Teddybär für Mom?«

»Bitte, Daddy, bitte. Mom hat mir erzählt, daß sie als kleines Mädchen einen Teddybären gehabt hat, dem ist der Arm abgefallen, und dann ist er gestorben. Sie hat viel geweint, hat sie mir gesagt. Jetzt soll sie einen neuen Freund zum Spielen haben. Bitte! Ich zahle ihn, wenn wir zu Hause sind. Ich habe Geld in meinem Sparschwein.«

In meiner Brieftasche befanden sich nur noch zwölf Dollar. Eine rasche Entscheidung war nötig. Entgegen dem strengen Erlaß meiner Zahlmeisterin erstand ich das überdimensionale Plüschtier mit meiner MasterCard, und irgendwie schafften wir es, den in einer riesigen Plastiktüte verstauten Teddy in die Scheune zu schmuggeln, ohne daß Louise es bemerkte.

Am Weihnachtsabend entschuldigte sich Louise nach dem Essen und machte sich, bepackt mit zwei Einkaufstüten voller Geschenkpapiere und Bänder, auf den Weg zum Leuchtturm, um sich dort dem jährlichen Ritual des Geschenkeeinpackens hinzugeben.

Beide Jungen hatten schon früher am Tag ihren

Strumpf am Kamin im Wohnzimmer aufgehängt. Obwohl Glenn schon seit längerem nicht mehr an den Weihnachtsmann glaubte, unternahm er nichts, um seinem kleinen Bruder diesen Glauben zu nehmen. Nachdem die beiden zu Bett gegangen waren, ging ich in unser Schlafzimmer, holte meine Geschenke für Louise hervor, die ich hinter meiner Kleidung im Schrank versteckt hatte, und machte mich an die für die meisten Menschen einfache Arbeit des Einpackens. Wie immer versagte ich dabei kläglich. Mit den Geschenken in der Hand lief ich vorsichtig den Flur entlang und schaute in Glenns Zimmer. Sein Bett war leer! Dann erinnerte ich mich an die Gewohnheit, die die beiden angenommen hatten, als Todd gerade drei Jahre alt war. Am Weihnachtsabend schliefen sie gemeinsam in Todds Bett.

Ich ging weiter zu Todds Zimmer, öffnete die Türe und trat ein. Im sanften Schimmer der Nachtbeleuchtung im Flur sah ich ihre zwei Gesichter. Vom Radio unten in der Küche drang gedämpft der Klang von Weihnachtsliedern nach oben. Ganz plötzlich, ohne mir bewußt zu sein, was ich tat, kniete ich nieder und begann lautlos das Vaterunser aufzusagen. Während ich betete, wanderten meine Gedanken zu diesem anderen kleinen Jungen, der in dieser Nacht vor fast zweitausend Jahren geboren worden war. Er hatte es nicht so warm und bequem wie meine Jungen, und seine armen Eltern waren einsam und fürchteten sich an diesem fremden Ort.

Als ich so auf meine zwei Söhne blickte, wurde mir zugleich klar, daß ich in dieser besonderen Nacht nicht von

Liebe und Dankbarkeit durchdrungen hier knien würde, wenn dieser andere kleine Junge nicht gewesen wäre … und ich konnte nicht anders, als mir zu überlegen, was wohl sein Vater gedacht hatte, als er auf das schlafende Gesicht herunterblickte. Schließlich beugte ich mich über das Bett und gab Todd und Glenn einen zarten Kuß. Danach ging ich hinunter und legte das kleinere der beiden Pakete für Louise unter den Baum. Mit dem anderen trat ich hinaus in den Garten. Es schneite leicht, als ich den Weg zum Leuchtturm einschlug.

Wie nicht anders erwartet, fand ich Louise in der Mitte des Fußbodens, umgeben von Geschenkpapieren jeglicher Farbe und Größe. Sie schnitt Bänder und fabrizierte kunstvolle Schleifen für den Stapel schön verpackter Geschenke.

»Darf ich hereinkommen?«

»Tritt ein, Weihnachtsmann, deine Geschenke sind alle verpackt. Und weil du gerade da stehst, könntest du vielleicht noch ein Holzscheit auf das Feuer legen?«

Ich tat wie geheißen und setzte mich dann zu ihr auf den Fußboden.

»Die Kinder schlafen tief und fest.«

»Gut. Ich bin fast fertig«, meinte sie zufrieden.

»Das ist ja was ganz Neues. Sonst warst du immer bis drei oder vier Uhr morgens damit beschäftigt.«

Sie lächelte verschmitzt. »Bei einem Zweihundert-Dollar-Limit hat die Anzahl der Päckchen, die mein künstlerisches Talent beanspruchen, doch stark abgenommen.«

»Fröhliche Weihnachten«, sagte ich und reichte ihr das Geschenk, das ich vom Haus mitgebracht hatte. Sie rutschte zu mir herüber, setzte sich auf meinen Schoß und begann vorsichtig das grüne Geschenkpapier zu entfernen.

»Ein Buch?« Sie blätterte durch die Seiten, die alle unbeschriftet waren. »Ein Buch ohne Inhalt?«

»Nicht ganz. Da ist eine Widmung auf der ersten Seite.«

Sie blätterte zurück bis zum ledernen Einband und las erst leise, dann laut: »Für meine geliebte Frau. Dieses Buch enthält noch keinen Text. Doch in das nächste, das ich Dir widmen werde, wird mein ganzes Können und meine ganze Liebe für Dich einfließen. Mark.«

Sie legte beide Hände auf meine Schultern und lehnte sich zurück. »Danke, mein Schatz. Ich liebe dich und bin stolz darauf, deine Frau zu sein. Und du darfst nicht das Gefühl haben, uns zu enttäuschen oder im Stich zu lassen. Das wird nie der Fall sein. Weißt du, Mark, wie ich hier so allein saß, umgeben von all deinen Büchern, kam mir auf einmal ein großartiger Name für diesen wunderbaren Leuchtturm in den Sinn.«

»Ein Name?«

»Ja, warum nicht? Hätten Irving Wallace oder William Buckley dieses einmalige Gebäude besessen, würde sicherlich ein großes Messingschild an der Eingangstüre prangen.«

»Aha, obwohl noch kein einziges Wort von mir veröffentlicht ist, bringst du mich bereits mit Wallace und Buckley in Verbindung.«

Sie schob mich zurück und sprang auf. »Möchtest du nun den Namen hören oder nicht?«

»Schieß los!«

Louise ging hinüber zu den Bücherregalen, die meine Erstausgaben enthielten, und strich mit den Fingern über die Einbände. Dann hob sie beide Arme, zeigte auf die Bücherreihen über ihr und rief: «Mr. Christopher, von nun an soll dieser Leuchtturm ›Turm des Erfolges‹ genannt werden. In diesen Mauern, vollgestopft mit Wissen und Weisheit, wirst du Sätze schreiben, die für die ganze Welt Fixsterne der Erkenntnis und Inspiration sein werden. Ich verspreche dir das!«

Sie holte eine Flasche Chablis aus dem kleinen Kühlschrank, und wir prosteten einander zu. Hiermit war der Leuchtturm offiziell eingeweiht worden. »Ich hoffe«, seufzte ich, als wir mit den Gläsern anstießen, »daß ich nur ein wenig so erfolgreich sein werde wie mein Vorgänger hier. Weißt du, manchmal, wenn es draußen stürmt und die Wendeltreppe knarrt, habe ich das Gefühl, Joshua Croydon käme die Stufen herunter, um seinen Leuchtturm zurückzuverlangen.«

»Das erinnert mich an etwas«, sagte sie. »Rühr dich nicht vom Fleck!«

Louise rannte zum alten Schreibtisch hinüber und kam mit einem in Goldfolie eingewickelten Päckchen zurück. Sie überreichte es mir mit den Worten »Fröhliche Weihnachten, Autor!«.

Ich wog es einige Minuten in meiner Hand, bevor ich die Folie wegriß. Es war ebenfalls ein Buch, aber keines mit leeren Seiten, sondern ein altes, viel benutztes Exemplar von Bartlett's Geflügelten Worten. Louise beobachtete mich ganz genau, als ich die erste Seite aufschlug. Mir stockte der Atem. Da stand mit grüner Tinte geschrieben: »Joshua Croydon, 1947«.

»Woher hast du das?«

»Ich habe es zwei Tage nach unserem Einzug in dem alten Schreibtisch gefunden. Als Mrs. Croydon dir den Schreibtisch und die Schreibmaschine hinterließ, hat sie sicherlich gewußt, daß sich dieses Buch in einer der Schubladen befindet und gewollt, daß du es bekommst. Ich habe es fast zwei Jahre in meiner Kommode versteckt, weil ich es dir am ersten Weihnachtsfest nach Fertigstellung deines Buches schenken wollte.«

»Was für eine Kostbarkeit«, sagte ich und strich liebevoll über den verblichenen Einband.

»Aber das ist noch nicht alles. Siehst du das Buchzeichen? Als ich das Buch gefunden habe, steckte es genau da, wo es sich jetzt noch befindet. Schlag diese Seite mal auf.«

Es war die Seite 926. Und dort fand ich einen Vierzeiler, der mit derselben grünen Tinte umrandet war wie der Eintrag auf der ersten Seite. Er stammte aus einem Gedicht von James Elroy Flecker, einem englischen Dichter, der, wie ich später erfuhr, Anfang dieses Jahrhunderts gelebt hatte.

Louise nahm mir den Band aus der Hand. Ihre Stimme war kaum mehr als ein Flüstern. »Möchtest du die Worte hören, die Mr. Croydon umrahmt hat?«

Ich nickte.

»Gut, also schließ deine Augen.«

Ich tat es. Dann wartete ich, wie mir schien, einige Minuten.

»Bist du bereit?« rief sie. Ihre Stimme hallte durch den Leuchtturm. Ich öffnete meine Augen. Louise lehnte ungefähr auf halbem Weg zur Turmspitze über dem Geländer der Wendeltreppe.

»Warum bist du dort oben?« schrie ich.

»Wenn du deine Augen schließt und mir zuhörst, wirst du wissen, warum!«

Ich schloß meine Augen und lauschte …

»Da ich Dein Gesicht nie sehen
und Dir auch nie die Hand reichen werde,
sende ich meine Seele durch Zeit und Raum,
um Dich zu grüßen. Und Du wirst es verstehen.«

VI

Louise und die Jungen schlafen. Ich bin im Leuchtturm und starre auf die Tasten meiner Schreibmaschine, so wie ich das fast den ganzen Tag über gemacht habe. Denn was danach geschehen ist, war so schmerzhaft und frustrierend, daß es mir schwerfällt, mich daran zu erinnern, geschweige denn es zu Papier zu bringen, und doch muß ich es tun, da die Zeit knapp wird.

Obwohl sich unser Briefkasten am Fuße der Anhöhe befindet, fuhr Mr. Slattery Ende Februar sein Postauto die schneebedeckte Auffahrt hinauf, um mir einen dicken braunen Umschlag auszuhändigen und, zu seinem Bedauern, vier Dollar und vierundsechzig Cents Nachgebühr zu kassieren.

Ich gab ihm das Geld, trug das ramponierte Packet in die Küche und öffnete es. Louise sah mir wortlos dabei zu. Das vorgedruckte Formular des Verlagshauses war kurz. Sie bedankten sich, daß ich ihnen mein Manuskript zur Veröffentlichung angeboten hätte, und bedauerten, es nicht übernehmen zu können, da es nicht in ihr gegenwärtiges Verlagsprogramm passe.

Im Laufe der Zeit schwächt sich die Erinnerung an unsere schwersten Stunden ab, trotzdem entsinne ich mich noch genau an diesen schrecklichen Schmerz in der Magengrube, als ich erkennen mußte, daß mein Buch abgelehnt worden war.

Louise setzte sich zu mir an den Küchentisch. Sie wischte die Absage zur Seite, ohne sie zu lesen. Der traurige Zustand des Manuskripts, das sie mit soviel Mühe und Sorgfalt auf der Maschine getippt hatte, schien sie mehr zu ärgern.

»Mark, sieh dir diese Blätter an. Fast jedes einzelne ist zerknittert.«

»Wahrscheinlich ist das unser Fehler, Liebling. Wir hätten einen gefütterten Umschlag beifügen sollen, frankiert und mit unserer Adresse versehen, damit die Seiten wieder heil bei uns eintreffen. Vielleicht sollten wir sogar dankbar sein, daß sie sich überhaupt die Mühe gemacht haben, sie zurückzusenden.«

»Nun gut, ich tippe es eben nochmals. Wir haben zwar noch zwei Durchschläge, aber irgendwo habe ich gelesen, daß Verlage das Original bevorzugen. Und schau nicht so unglücklich drein. Der liebe Gott will uns auf diese Weise nur prüfen. Eine Absage bedeutet doch gar nichts. Wußtest du, daß ›Die Möwe Jonathan‹ von Jonathan Livingston vor der Veröffentlichung zwanzigmal abgelehnt wurde?«

Fünf Tage später brachte ich das neu geschriebene Manuskript zur Post und sandte es dem nächsten Verleger auf unserer Liste.

Dieses Mal legten wir einen an uns adressierten und frankierten gefütterten Umschlag bei.

Am Abend desselben Tages erklärte ich, daß ich einen

Job angenommen hätte und früh am nächsten Morgen damit beginnen würde.

»Wo, Dad?« erkundigten sich Todd und Glenn gleichzeitig.

»Ich werde im Sägewerk arbeiten.«

»Und was machst du da?«

»Ich gehöre zu der Mannschaft, die diese großen Kiefernstämme in die Maschine gibt, die sie zu rohen Brettern sägt.«

»Mark, das machst du nicht!« schrie Louise auf, aus ihrem Gesicht war fast alle Farbe gewichen.

»Doch, das mache ich. Ich habe mich bereits vor Weihnachten beworben, und als ich heute, nachdem ich das Buch zur Post gebracht hatte, dort vorbeischaute, haben sie mich eingestellt. Nach der High-School habe ich fast ein ganzes Jahr genau dieselbe Arbeit in einem Sägewerk außerhalb von Bangor gemacht. Das geht schon in Ordnung.«

»Aber das war vor über zwanzig Jahren! Du bist nicht in der körperlichen Verfassung, so harte Arbeit zu leisten. Und ist es nicht auch gefährlich?«

»Die ersten paar Wochen werden hart sein, aber das schaffe ich schon. Und gefährlich – nein, das ist es nicht … vorausgesetzt, alle beachten die Regeln. In diesem Sägewerk hat es seit Jahren keinen Unfall gegeben.«

»Mark …«

»Louise, auf diese Weise haben wir zumindest genügend Geld, um Lebensmittel zu kaufen, und außerdem ist es auch gut für mich. Ich bin den ganzen Tag an der frischen

Luft, und sobald das Buch angenommen wird, kündige ich. Das ist doch ein faires Abkommen?«

Am liebsten hätte ich schon nach den ersten Stunden das Handtuch geschmissen. Die riesigen Stämme – die meisten ungefähr vier Meter lang und mehr als einen halben Meter im Durchmesser – zu schleppen war die schiere Qual. Meine Muskeln taten nicht einfach nur weh, sie brannten wie Feuer, während meine Füße fast erfroren. Im März ist es kalt in Jaffrey, besonders um sieben Uhr morgens, wenn der Arbeitstag anfängt. Natürlich war ich durch den frühen Arbeitsbeginn so gegen halb vier Uhr nachmittags zu Hause und hätte somit noch Zeit für die Jungen gehabt. Doch gewöhnlich fanden sie mich bei ihrer Rückkehr von der Schule schlafend auf dem Sofa im Wohnzimmer, und erst Louises Ruf zum Abendessen erweckte mich wieder zum Leben.

Mein Manuskript wurde Ende April wieder zurückgeschickt. Zur selben Zeit teilte uns die Bank mit, daß wir mit unserer Hypothekenzahlung einen Monat im Rückstand seien. Nach einer langen und quälenden Diskussion, an der auch unsere zwei in Tränen aufgelösten Jungen teilnahmen, entschlossen wir uns, in einer Kleinanzeige im lokalen Wochenblatt unseren Jeep Wagoneer zum Verkauf anzubieten – das Auto, mit dem uns so viele schöne Erinnerungen verbanden. Mit einem Teil des Erlöses kauften wir einen alten Chevrolet Pickup.

Als das Buch zum dritten Mal abgelehnt wurde, machte sich Louise auf, das sinkende Schiff zu retten. Sie fuhr mit dem Pickup nach Keene und nahm eine Arbeitsstelle als Kellnerin an – von fünf Uhr nachmittags bis Mitternacht, sechs Tage in der Woche. Unser gemeinsames monatliches Einkommen betrug weniger, als ich bei Treasury Insurance in einer Woche verdient hatte. Das entsprach natürlich nicht genau meinen Vorstellungen, als ich mich vor drei Jahren von Mr. Hadley in seiner Bibliothek verabschiedet hatte. Drei Jahre! Schon so lange war es her, daß ich ihm kühn erklärt hatte, besser mit schlechten Zeiten fertig werden zu können als die meisten anderen Menschen.

Der vierte Verlag auf unserer Liste schickte das Manuskript im September zurück, wiederum nur von einem vorgedruckten Schreiben begleitet. Da anscheinend keiner der vier Verlage das Buch einer konstruktiven Kritik durch einen ihrer Redakteure für würdig befunden hatte, entschloß ich mich, um eine Beurteilung zu bitten. Ich schickte eine Kopie des Buches meinem alten Freund Adrian Crawshaw, dem Antiquar aus der Beacon Street in Boston, bei dem ich alle meine geliebten Erstausgaben erstanden hatte. Mein beigefügter Brief war kurz. Um der guten alten Zeiten willen bat ich ihn, das Manuskript durchzulesen und mir seine Meinung mitzuteilen, ohne ein Blatt vor den Mund zu nehmen. Es dauerte nicht lange, bis seine Antwort eintraf. In seiner präzisen Handschrift teilte er mir mit, daß es seiner Ansicht nach ein Buch von großem Wert sei, sehr gut lesbar und von einer Qualität, die man heutzutage selten antreffe, bei der Schwemme von gedrucktem Mist (seine Worte), die sich als Selbsthilfebücher ausgäben. Nebenbei ließ er noch behutsam durchblicken, daß er sicherlich Käufer für einige der Erstausgaben finden könnte, die ich im Laufe der Jahre bei ihm erstanden hatte.

Als Anfang Januar das rohe Holz den Lagerplatz bis zum Rande füllte, wurde die Sägemühle für eine unbestimmte Zeit geschlossen; wie uns gesagt wurde, würde dies mindestens drei Monate dauern. Als ich mit meinem letzten Gehaltsscheck in der Brieftasche und einem Kloß im Hals heimfuhr, hielt ich an Macs Tankstelle, um zu tanken. Nachdem ich lange an der Zapfsäule gewartet hatte, sprang ich schließlich vom Fahrersitz meines Pickup und bediente mich selbst, als Mac außer Atem auftauchte.

»Tut mir leid, Mr. Christopher.«

»Wo sind alle Ihre Angestellten?«

»Das meinen Sie doch etwa nicht im Ernst? Heutzutage will doch keiner mehr bei einer Tankstelle arbeiten.«

»Doch, ich zum Beispiel.«

Mac konnte wunderbar mit dem Schraubenschlüssel oder Schraubenzieher umgehen. Also teilten wir uns die Arbeit entsprechend auf. Er war für alle Reparaturen und das Überprüfen der Motoren zuständig, während ich die Zapfsäulen bediente, platte Reifen wechselte und alle sonstigen Dienstleistungen übernahm. Ich war noch nicht einmal eine Woche an meiner neuen Stelle, als ich frühmorgens hinausging, um bei einem grünen Cadillac Eldorado den Tank zu füllen. Im nächsten Moment wünschte ich mir, die Erde würde sich auftun und mich verschlucken. Bob Boynton, Treasury-Geschäftsstellenleiter in Keene, der das Croydon-Haus für uns entdeckt hatte, starrte mich hinter seinem Steuerrad mit offenem Mund an.

»Mark, bist du das?«

»Hallo, Bob, wie geht's dir?«

»Was machst du hier? Warum bist du nicht auf deinem Hügel an deiner Schreibmaschine?«

Was sollte ich sagen? Ich murmelte so etwas, wie das erste Buch wäre fertig, und wir würden noch auf die Antwort des Verlegers warten.

»Großartig! Aber, was hat das zu bedeuten?« fragte er und deutete auf meine Dienstkleidung.

»Oh, ich helfe einem Freund. Mac hat gerade so viel zu tun und ...«

»Ich habe gehört, daß du im Sägewerk gearbeitet hast.«

Ich nickte. Im ländlichen New Hampshire kann man nicht viele Geheimnisse haben. »Nur bis sich das Buch verkauft. Du weißt, wie Kinder sind. Sie möchten mindestens dreimal am Tag etwas zu essen haben.«

Er zwang sich zu einem Lächeln und meinte: »Wir vermissen dich, Mark. Wir alle, einschließlich Mr. Hadley.«

»Wie geht's dem alten Jungen?«

»Sehr gut. Er läßt dich grüßen. Letzte Woche haben wir uns alle bei einer Konferenz in Boston getroffen. War nicht mehr dasselbe ohne dich.«

Bob begann an seinem Steuerrad herumzufummeln. Ich näherte mich seinem Wagenfenster und beugte mich zu ihm herunter. »Na komm schon, alter Freund, wir kennen uns zu lange, um uns was vorzumachen. Was hast du auf dem Herzen?«

»Nun« ..., er zögerte. »Verdammt noch mal, Mr. Hadley hat mitbekommen, daß es bei dir nicht allzu gut läuft, und er bat mich, dir zu sagen, daß du ihn, wenn du möchtest, anrufen kannst. Zwei so Asse haben versucht, den Bezirk Neuengland zu betreuen, aber ohne großen Erfolg.«

»Wie wäre es mit dir, Bob?«

»Kommt nicht in Frage. Ich bin zu alt, um in sechs Staaten herumzuhüpfen und siebenhundert Verkäufer bei Laune zu halten. Und nach dem tollen Job, den du gemacht hast, hat es jeder andere verdammt schwer. Nein, ich bleibe in Keene und mache meine fünfzigtausend Dollar auf die einfache Art. Nach fünfundzwanzig Jahren Arbeit wird man, glaube ich, auch etwas bequem. Die Motivation ist nicht mehr da, Mark, du weißt, was ich meine.«

Ich klopfte ihm auf die Schulter, und er setzte sein Auto in Bewegung. Er hat nie mehr bei uns getankt.

Als Louise an diesem Abend in den Leuchtturm kam, war ich dabei, meine Erstausgaben in verschiedene Kartons zu packen.

»Was machst du, Mark?«

»Ich bringe morgen einige dieser alten Staubfänger nach Boston. Vielleicht kann Mr. Crawshaw sie für uns verkaufen.«

»Liebling, das darfst du nicht tun! Diese Bücher bedeuten dir so viel.«

Nachdem ich eine Alger-Ausgabe vorsichtig in den Karton gelegt hatte, nahm ich ihre Hand in die meine. »Ist unsere Hypothekenzahlung nicht wieder überfällig?«

Sie nickte und seufzte dabei.

»Bob Boynton war heute morgen in der Tankstelle. Es sieht so aus, als ob Hadley über unsere mißliche Lage Bescheid weiß. Er möchte, daß ich mich bei ihm melde. Soll ich? Soll ich ihn anrufen, Liebling?«

Ihre braunen Augen blitzten auf, als sie wie aus der Pistole geschossen antwortete: »Verkauf die Bücher, Mark! Wir können sie ersetzen. Wir hissen noch nicht die weiße Flagge, weder jetzt noch irgendwann später. Wir schaffen es. Denk an ›Die Möwe Jonathan‹ von Jonathan Livingston.«

Mr. Crawshaw erstand neun meiner Erstausgaben und stellte mir dafür einen Scheck über eintausendsiebenhundert Dollar aus. Auch wenn wir verzweifelt Geld brauchten, so war ich doch fast erleichtert, daß er mir nicht alles abnahm. Trotzdem, die Fahrt zurück nach Jaffrey zog sich lange hin. Mich von diesen kostbaren Bänden zu trennen war ein wenig, wie einen Teil meiner Familie zu verkaufen.

Im März änderten wir unsere Taktik. Da wir bei den großen Verlagen abgeblitzt waren, schlug Louise vor, es bei kleineren zu probieren, und sie hatte auch schon drei Namen auf unserer Liste angekreuzt. Einer davon erweckte meine Aufmerksamkeit. »Den Charles-Bergen-Verlag kenne ich. Er hat einige ausgezeichnete Bücher über Psychologie, Erfolg und die Kunst des Verkaufens herausgebracht. Fundierte Werke von anerkannten Autoren. Und dieser Bergen ist, wie ich sehe, nicht nur der Verleger, sondern auch der einzige aufgeführte Redakteur. Wahrscheinlich sind seine finanziellen Mittel beschränkt, aber irgendetwas sagt mir, daß er unser Mann ist.«

Und so kam es, daß das Manuskript an den Charles-Bergen-Verlag geschickt wurde, begleitet von dem üblichen Brief, der kaum mehr enthielt als eine kurze Schilderung meiner Laufbahn und meiner Referenzen.

Unser Schicksal war dabei, sich zu wenden. Ob zu unserem Glück, das wußten wir noch nicht.

VII

An einem warmen Nachmittag im Mai war ich gerade dabei, die schwere, feuchte Erde in unserem Garten mit einem uralten Kultivator zu bearbeiten, um sie für die Frühjahrspflanzung vorzubereiten, als Louises laute Rufe das einschläfernde Putt-Putt der kleinen 3-PS-Maschine unterbrachen. Von der hinteren Veranda fuchtelte sie ganz wild mit den Armen, ein Verhalten, so untypisch für sie, daß ich sofort auf das Haus zurannte, ohne mir die Zeit zu nehmen, den Motor abzustellen.

»Telefon«, sagte sie nur und sah dabei aus, als ob sie gerade den ersten Preis in der New-Hampshire-Lotterie gewonnen hätte.

Ich ging auf die Haustüre zu und öffnete sie. Da zupfte sie plötzlich an meiner Jacke und gab mir, als ich mich umdrehte, einen Kuß: »Mark, es ist Charles Bergen!«

Die heiser und brüchig klingende Stimme am Telefon ließ mich an einen älteren Herrn denken, der mit einem grünen Augenschirm aus Plastik und Ärmelschonern an seinem Rollpult sitzt.

»Mr. Christopher, Sie haben ein wundervolles Buch geschrieben. Ich möchte es gerne herausbringen.«

»Oh, was für eine großartige Nachricht! Ich würde mich freuen, wenn Sie es veröffentlichen!«

»Ihrem Brief habe ich entnommen, daß Sie viele Jahre als leitender Angestellter in der Versicherungsbranche gearbeitet haben. Haben Sie in dieser Position viel schreiben müssen?«

»Eigentlich nicht. Ich habe zwar häufig Reden gehalten und Rundschreiben verfaßt, die meine Verkäufer motivieren sollten, aber das ist auch schon alles.«

»Unglaublich. Sie haben großes Talent. Sie argumentieren präzise und in wohlgesetzten Worten. Ihr Stil hat eine spirituelle Qualität, ja manchmal kann man ihn gar poetisch nennen; er erinnert mich an Marcus Bach oder Loren Eiseley.«

»Ich kenne die Werke dieser beiden, Mr. Bergen, und kann mir kein größeres Kompliment vorstellen.«

»Mr. Christopher, wir sind ein kleiner Verlag, aber wir sind stolz auf die guten Bücher und Autoren, die wir in all den Jahren veröffentlicht haben. Tatsächlich hat einer unserer Autoren, ein kluger Kopf, in ihrer Nähe gewohnt. Vielleicht kennen Sie ihn?«

»Wen meinen Sie?«

»Joshua Croydon, den Botaniker.«

»Mr. Bergen, ich wohne in seinem Haus und schreibe in seinem Arbeitsraum. Leider habe ich nie die Ehre gehabt, ihn kennenzulernen. Wie Sie wahrscheinlich wissen, ist er vor drei Jahren gestorben. Wir haben das Haus und das Grundstück von seiner Witwe gekauft.«

»Mein Vater hat mir von Mr. Croydons einmaligem Binnenland-Leuchtturm erzählt, der ihm als Arbeitsraum diente. Er hat die Croydons einmal besucht. In meinem

Büro hängt noch ein Foto, in dem die beiden Arm in Arm vor dem Leuchtturm stehen. Mein Vater hat unseren Verlag vor mehr als vierzig Jahren gegründet und bis zu seinem Tod im Jahre 1975 geleitet. Sein Vorname lautete, so wie meiner, Charles, so daß wir nach wie vor als Charles-Bergen-Verlag firmieren.«

»Aha, so ist das also.«

»Mr. Christopher, wir sind bereit, Ihnen für Ihr schönes Buch dreitausend Dollar Vorauszahlung zu leisten. Wenn es sich gut verkauft, und ich glaube, es hat die Voraussetzungen dafür, werden Sie in Zukunft gutes Geld mit Ihren Tantiemen verdienen, die zweimal im Jahr ausbezahlt werden. Ich sende Ihnen zwei Kopien unseres Standardvertrages. Lassen Sie Ihren Anwalt einen Blick darauf werfen, und wenn Sie die Bedingungen akzeptieren können, werden wir mit der Arbeit beginnen. Jetzt ist es zwar bereits Mai, aber wir könnten es schaffen, das Buch noch in unser Herbstprogramm aufzunehmen, damit es rechtzeitig zum Weihnachtsgeschäft in die Buchhandlungen kommt.«

Ich wußte, daß ich noch Hunderte von Fragen hätte stellen müssen, doch alles ging zu rasch für mich. Ich konnte an nichts anderes denken, als daß ich endlich einen Abnehmer für mein Buch gefunden hatte. »Das klingt ja großartig« – zu einem ausführlicheren Kommentar war ich im Augenblick nicht fähig.

»Mr. Christopher, ich versichere Ihnen, daß wir alles in unserer Macht Stehende tun werden, um Ihr ausgezeichnetes Werk in der Öffentlichkeit bekannt zu machen. Die Menschen brauchen Ihr Buch. Sie brauchen es sogar ganz dringend. Gute Selbsthilfebücher sind in den letzten zehn oder fünfzehn Jahren zu einer Seltenheit geworden. Mein Vater hat sich immer die Frage gestellt: Wo bleiben denn die neuen Napoleon Hills, Dale Carnegies und Norman Vincent Peales? Er hätte Gefallen an Ihrem Buch gefunden. Es ist im klassischen Stil der Erfolgsbücher ersten Ranges aufgebaut, es enthält viele gute praktische Hinweise, wie man sein Leben zum Besseren verändern kann, und, am wichtigsten, es ist leicht zu lesen. Mr. Christopher, ich bin überzeugt, daß Ihnen ein großer Wurf gelungen ist.«

»Ich hoffe, Sie haben recht, Mr. Bergen. Es steht eine Menge für mich auf dem Spiel.«

Daraufhin folgte eine längere Stille. »Sie haben im Moment keine Arbeit?«

»Doch, ich arbeite stundenweise bei einer Tankstelle. Vor fast vier Jahren habe ich bei meiner Firma gekündigt und bin mit meiner Frau und meinen zwei Söhnen von Massachusetts hier heraufgezogen, um zu schreiben.«

Ich hörte ein unterdrücktes Kichern. »Wie ich sehe, befolgen Sie Ihre eigenen Ratschläge, Mr. Christopher.«

»Wie meinen Sie das?«

»In einem Ihrer Kapitel schreiben Sie, wie vorteilhaft, ja sogar unabdingbar es ist, in manchen Situationen seine Brücken hinter sich abzubrechen. Und Sie führen weiter aus, daß, wenn der Weg des Rückzugs abgeschnitten ist, es nur noch einen Weg gibt, nämlich den nach vorne. Etwas möchte ich noch gerne wissen, bevor wir unser Gespräch beenden: Wie vielen Verlegern haben Sie ihr Buch angeboten, bevor Sie es mir gesandt haben?«

Ich zögerte. Sollte ich ihm sagen, daß vier der bedeutendsten Verlage mein Werk zurückgewiesen haben? Wie würde er auf diese Nachricht reagieren?«

»Vier«, sagte ich und nannte ihre Namen.

Wiederum hörte ich ihn leise kichern. Dann sagte er: »Oh, zu dieser Kategorie gehöre ich sicherlich nicht. Wie sind Sie dann auf mich gekommen?«

»Meine Frau hatte die Idee, kleinere Verlage anzuschreiben, und drei herausgesucht. Ihr Verlag war der einzige, den ich kannte. Ich wußte um Ihren Ruf, nur gute Bücher zu publizieren. Mehr gibt es da nicht zu sagen.«

»Erstaunlich. Und erstaunlich auch der Gedanke, daß Sie dieses schöne Buch in Joshua Croydons ehemaligem Arbeitsraum geschrieben haben. Ich glaube von Shakespeare stammen die Worte: ›Allen Geschöpfen bleibt des Schicksals Buch verborgen. So hat es der Himmel bestimmt.‹ Nun, ich verspreche Ihnen, daß wir unser Bestes tun werden, damit Ihr Buch nicht im Verborgenen bleibt. Und jetzt wünsche ich Ihnen noch einen schönen Tag.«

Ende Juli beendete ich mit Louises unbezahlbarer Hilfe das Korrekturlesen der vom Verlag übersandten Abzüge. Die langen Druckfahnen waren über den ganzen Küchentisch verstreut, als wir endlich auch die letzte der numerierten Seiten überprüft hatten. Louise legte ihren Rotstift zur Seite und seufzte. »Mark, hast du bemerkt, wieviel stärker Worte wirken, wenn sie gedruckt sind? Es sind immer noch deine Worte, aber nun haben sie einen ausgeprägten Klang von Autorität. Jetzt begreife ich zum ersten Mal, welche Macht und welchen Einfluß ein Buch haben kann – im guten wie im schlechten Sinn. Wir nehmen automatisch an, daß das, was wir in einem Buch lesen, wahr sein muß. Mir ist es auch oft so ergangen, selbst wenn ich Romane las. Das ist ein wenig beängstigend, nicht wahr? – Gut, mit dem Korrekturlesen sind wir jetzt fertig. Und wie soll es nun weitergehen?«

»Wir packen alles zusammen und senden es zurück an den Bergen-Verlag. Dann warten wir auf den großen Tag, an dem unser Buch erscheinen wird. Charles hat mir als Datum den siebten Oktober genannt.«

Einige Wochen später erhielt ich einen Anruf von Charles Bergen: »Mr. Christopher, in unserer Hast, Ihr Buch so schnell wie möglich fertigzustellen, haben wir etwas vergessen. Es ist ein alter Brauch, aber die meisten Autoren möchten daran festhalten. Gibt es irgend jemanden, dem Sie Ihr Buch widmen wollen? Dies wird auf der Seite, die dem Titelblatt folgt, vermerkt. Vielleicht können Sie mir jetzt gleich am Telefon den Text durchgeben?«

»Mr. Bergen, ist es Ihnen recht, wenn ich in zwanzig Minuten zurückrufe?«

»Geht in Ordnung.«

Ich rief nach weniger als zehn Minuten zurück und las ihm die Worte vor, die ich auf die Rückseite eines Briefumschlages geschrieben hatte: »Für den schönen Rotschopf, den ich seit vielen Jahren vermisse – meine Mutter Margaret.«

VIII

Als mein Buch im Oktober auf den Markt kam, zog es inmitten der zwanzigtausend anderen Neuerscheinungen so viel Aufmerksamkeit auf sich wie ein einzelner Baseball-Fan, der sich an einem Sonntagnachmittag auf den Zuschauerrängen des Yankee-Stadions befindet.

Niemand nahm es zur Kenntnis. Obwohl mir Charles Bergen versicherte, mehr als vierhundert Exemplare an die Herausgeber von Buchkritiken gesandt zu haben, konnte das beauftragte Team, das die entsprechenden Zeitungsausschnitte sammeln sollte, in den ersten Wochen nach der Veröffentlichung weder eine positive noch eine negative Kritik in irgendeiner Zeitung des Landes ausfindig machen.

Nun verspürte ich am eigenen Leib das schreckliche Gefühl der Hilflosigkeit, von dem ich so viele Autoren in Talk-Shows berichten gehört hatte. Ein neues Buch ähnelt einem Kind. Früher oder später muß es in die Welt hinaus und dabei Erfolg oder Mißerfolg erfahren. Zurück bleiben ein oder zwei Personen, die es lieben und sich sorgen, ob sie wirklich alles getan haben, um ihr Kind auf den erbarmungslosen Lebenskampf vorzubereiten.

Es war ein erhebendes Gefühl, zum ersten Mal ein Exemplar meines Buches in der Hand zu halten, mit seinem gut gestalteten scharlachroten Umschlag, auf dem sich die goldfarbenen Druckbuchstaben des Titels deutlich abhoben. Noch größer war jedoch unsere Freude, als wir in der Apple-Tree-Buchhandlung in Concord mehrere Exemplare des Buches zusammen mit den neuesten Werken von Tom Wolfe, Henry Kissinger und Edmund Morris an bester Stelle ausgestellt sahen. Ich mußte Louise fast mit Gewalt davon abhalten, den Angestellten und Kunden im Laden zuzurufen, daß das Buch mit dem schönen rotgoldenen Einband von *ihrem* Mann geschrieben worden war. Und obwohl uns Charles soeben fünfundzwanzig Exemplare nach Hause hatte schicken lassen, bestand Louise darauf, ein weiteres als Glücksbringer zu kaufen.

Und doch war da immer noch diese nagende Angst vor dem Versagen, die ich trotz meiner langjährigen Erfahrung, wie mit diesem Monster umzugehen ist, nicht ganz loswerden konnte. Was ist, wenn das Buch ein Reinfall wird? Wie steht es um den Vertrieb? Wird das Buch in Buchhandlungen des ganzen Landes angeboten? Im Gegensatz zu den meisten anderen Verlagen verfügte Charles Bergen über keine eigenen Vertreter, die regelmäßig bei den Buchhandlungen und Buchketten vorbeischauten und für ihre Bücher die Werbetrommel rührten. Statt dessen teilte er sich mit fünf anderen kleinen Verlagen eine Gruppe auf Provisionsbasis arbeitender Agenten. Wie sehr hatten sich diese für mein Buch eingesetzt? Und wieviel Einfluß besaßen sie bei den Einkäufern der Buchhandlungen und Buchketten, verglichen mit den Vertretern von Doubleday oder Harper & Row?

Doch dann geschah ein Wunder! Zwei Tage vor dem Erntedankfest rief Charles Bergen an. Er klang zurückhaltend wie immer.

»Mr. Christopher, nach den Neuigkeiten, die ich für Sie habe, wird Ihnen der Truthahnbraten zum Fest doppelt so gut munden!»

»Gute Nachrichten sind hoch willkommen.«

»Falls Sie noch nicht sitzen, rate ich Ihnen, es zu tun.«

Ich setzte mich.

»Mr. Christopher, wie ich Ihnen sicherlich gesagt habe, haben wir von der ersten Auflage Ihres Buches zehntausend Exemplare gedruckt. Gewöhnlich lasse ich bei der ersten Auflage eines unbekannten Autors nicht mehr als fünftau-send Exemplare herstellen, doch weil ich so großes Ver-trauen in Ihr Buch hatte, habe ich die Anzahl verdoppelt. Nun ist diese gesamte erste Auflage bereits verkauft, und wir sind gerade dabei, zwanzigtausend weitere Exemplare zu drucken! Die in der Branche führenden Ketten Dalton und Waldenbrooks haben jeweils dreitausend Exemplare geordert! Dies sind die größten Bestellungen, die seit Bestehen des Verlages eingegangen sind. Die vielen Niederlassungen dieser Ketten sind alle im Computer gespeichert, und, so wie es aussieht, ist Ihr Buch überall da, wo es auf Lager war, ausverkauft. Ich glaube, da bahnt sich ein ganz großer Erfolg an.«

»Toll! Wie erklären Sie sich das? Schließlich gab es doch keine Werbung, und es sind auch nirgendwo Kritiken erschienen. Was ist der Auslöser für diesen Verkaufserfolg?«

»Mark, es gibt keine logische Erklärung dafür. Übrigens, darf ich Sie nach all dieser Zeit Mark nennen? Und bitte, nennen Sie mich Charles … aber nicht Charley. Ich glaube, wir erleben hier diesen mysteriösen Vorgang, der alle Werbefachleute verwirrt: Die gute alte ›Mund-zu-Mund-Propaganda‹. Es geschieht immer wieder, daß ein Buch, ein Film oder ein Song ohne Publicitygetöse erscheint und von den Menschen trotzdem entdeckt und geliebt wird. Im Verlagsgeschäft kommt das so alle fünf oder zehn Jahre vor, und was dabei herauskommt, kann umwerfend sein. Meiner Erinnerung nach war das letzte Buch, das auf dieser Erfolgswelle schwamm, *Games People Play* (Spiele der Erwachsenen) von Eric Berne. Wenn das so weitergeht, sind nach oben keine Grenzen gesetzt.«

»Kommen Nachbestellungen aus dem ganzen Land, oder …«

»Von überall«, unterbrach er mich. »Und viele Buchhandlungen machen sich nicht einmal mehr die Mühe, unsere Vertreter anzurufen. Sie wenden sich direkt an mich. Das ist noch nie vorgekommen. Ich habe heute morgen fast zweitausend Exemplare am Telefon verkauft – an Läden in Tacoma, Butte, Kansas City und Memphis. Der Ward's Corner Book Shop in Norfolk, Va., hat mir, gerade bevor ich Sie anrief, eine Bestellung über fünfhundert Exemplaren durchgegeben. Unglaublich! Ich habe so etwas noch nicht erlebt, und ich glaube, mein Vater auch nicht. Wenn es mit den Bestellungen so weitergeht, muß ich voraussichtlich eine dritte Auflage drucken lassen. Ich habe bereits zwei neue Leute für unsere Versandabteilung eingestellt, um mit den Bestellungen nachzukommen.«

Er rief zwei Wochen später wieder an, jetzt klang seine Stimme nicht mehr so zurückhaltend.

»Mark, wir haben gerade wieder zu drucken angefangen, und zwar weitere vierzigtausend Exemplare, wovon achtzehntausend bereits bestellt sind. Jeden Tag erhalten wir Anrufe von Buchhandlungen, mit denen wir noch nie zuvor Geschäfte gemacht haben. Ich habe drei weitere Leute eingestellt, die beim Versand und der Fakturierung helfen. Ich kann das alles einfach nicht glauben!«

»Charles, haben Sie inzwischen eine Ahnung, wer all diese Bücher kauft? Haben wir das Zeitgeistgefühl einer bestimmten Gruppe getroffen? Oder ist es noch zu früh, eine solche Aussage zu machen?«

»Ich habe die Vertreter bereits gebeten, dies zu überprüfen. Von den Buchhandlungen hören wir, daß Leute aus allen Schichten und Berufen das Buch kaufen. Und es ist auch ein beliebter Geschenkartikel. Die Leute kaufen anscheinend erst einmal ein Exemplar für sich selbst, lesen es und kommen dann zurück, um drei weitere Exemplare zu kaufen – für ihre Kinder, ihren Chef, jemanden, der ihnen nahesteht. Vertriebsleiter kaufen es dutzendweise für ihre Mitarbeiter. Und Frauen machen mehr als die Hälfte der Käufer aus. Sie haben sie alle erreicht, Mark. Es ist ein Wunder … ja ehrlich, das ist es!«

Drei Wochen später rief er an, um mir mitzuteilen, daß seine vierte Auflage aus erstaunlichen einhunderttausend Exemplaren bestand. Erstaunlich, weil von fünfundneunzig Prozent aller veröffentlichten Bücher keine zehntausend Exemplare verkauft werden. Zehn Tage später ließ

Charles noch eine Auflage drucken, so daß die Gesamtzahl der Exemplare nun bei zweihundertsiebzigtausend lag! Ich stellte eine atemberaubende Berechnung auf: Würden alle diese Bücher verkauft, müßte ich mehr als dreihunderttausend Dollar an Tantiemen bekommen. Eine Kellnerin und ein Tankwart konnten wohl von der Gehaltsliste gestrichen werden.

Newsweek brachte endlich eine Besprechung des Buches. Es wurde als Meilenstein auf dem Gebiet der Selbsthilfe bezeichnet, vergleichbar mit *Think and Grow Rich, How to Win Friends and Influence People* (Wie man Freunde gewinnt) und *The Power of Positive Thinking* (Die Kraft positiven Denkens).

Ende Mai war eine Million Exemplare von der gebundenen Ausgabe gedruckt worden. Das Buch stand auf allen Bestsellerlisten des Landes an erster Stelle, und ich war dabei, Millionär zu werden. Tatsächlich, ein Wunder war geschehen!

Die Telefonanrufe von Charles wurden bald zum täglichen Ritual. Jeden Morgen genau um zehn Uhr meldete er sich am Telefon und klang ein wenig wie ein blasierter Börsenmakler, der seinem Kunden mitteilt, daß seine Aktien gerade weitere zehn Punkte gestiegen waren. Er informierte mich auch, wenn seine Druckerei in Jersey City eine zweite Schicht einlegen mußte, um mit den Druckaufträgen nachzukommen, und wenn die großen Druckaufträge Probleme bei der Papierbeschaffung verursachten.

Dann, eines Morgens, rief er an, um mir von seinem, wie er meinte, größten Problem zu berichten.

»Mark, Sie können sich nicht länger in Ihrem Leuchtturm verstecken. Die Leute von den Medien rennen mir die Bude ein. Von der *Today Show* hat diese Woche jeden Morgen jemand angerufen, und soeben habe ich mit einem Produktionsassistenten von *Good Morning, America* gesprochen. Auch die Leute von der *Johnny Carson Show* machen jetzt Druck, dabei haben die es nicht nötig, hinter jemandem herzujagen.«

»Was erzählen Sie denen allen?«

»Genau das, was Sie mir gesagt haben: daß Sie keine Interviews geben, daß Ihr Buch für Sie spricht und daß dies genügen sollte. Wollen Sie Ihre Meinung wirklich nicht ändern? Diese Art öffentlicher Werbung können wir um keinen Preis der Welt kaufen.«

»Du lieber Gott, Charles, Sie werden erst zufrieden sein, wenn diese Druckerei vierundzwanzig Stunden am Tag arbeitet.«

»Warum nicht? Eine solche Chance erhält man nur einmal im Leben.«

»Keine Interviews, Charles. Ich habe zu viele Autoren gesehen, die sich in Talk-Shows lächerlich gemacht haben. Wenn ich bei einer dieser großen Fernsehshows auftrete, sage ich bestimmt etwas Falsches und bringe den Verkauf unseres Buches zu einem plötzlichen Stillstand. Und ich möchte auch nicht immer wieder auf so dumme Fragen antworten müssen wie: was ich zum Frühstück esse, was meine Hobbies sind oder ob ich nackt oder bekleidet schlafe. Für die meisten Autoren ist dies wahrscheinlich ein großer Egotrip, dabei sind viele von ihnen schon so überzeugt von ihrer angeblichen Wichtigkeit, daß sie gar nicht mehr merken, was für dummes Zeug sie reden.«

»Ihre Meinung steht also fest, Mark? Aber wie denken Sie über Zeitungsreporter? Sie werden nicht glauben, wie viele Interviewwünsche ich hier vorliegen habe. Jeder andere Autor würde was weiß ich darum geben, mit dieser Bande ins Gespräch zu kommen ... mit dem *Wall Street Journal,* der *New York Times, Psychology Today,* der *Washington Post,* dem *San Francisco Chronicle,* ja sogar dem *National Enquirer* ...«

»Und was ist mit dem *People Magazine*?«

»Die Leute von *People* interessieren Sie also? Ich arrangiere das. Geben Sie mir dreißig Minuten Zeit ...«

»Charles, ich mache doch nur Spaß. Ich möchte mit keinem von ihnen reden. Ich bin zu sehr mit meinem Garten und dem Training der Juniorliga meines Jüngsten beschäftigt. Außerdem gibt es noch viele Orte in diesem Teil des Landes, die ich noch nicht gesehen habe.«

»Und was ist mit Ihrer Post?«

»Welcher Post?«

»Ihrer Fanpost, Mark, Ihrer Fanpost! Sie strömt aus dem ganzen Land zu uns herein, selbst aus Kanada. Was sollen wir damit tun?«

»Schicken Sie mir die Briefe, und ich werde sie beantworten. Zufrieden?«

»Sie meinen alle?«

»Natürlich.«

»Dazu erklären Sie sich bereit, aber Interviews lehnen Sie ab?«

»Das ist ein großer Unterschied, Charles. Wenn jemand so von meinem Buch beeindruckt ist, daß er sich die Zeit nimmt, mir zu schreiben, verdient er eine Antwort.«

»Doch wenn Sie ihre Post beantworten, wird jeder wissen, wo Sie wohnen.«

»Nicht unbedingt. Ich nehme normales Papier ohne Adressenangabe und bringe die Briefe in Concord zur Post.«

Frustriert legte er den Hörer auf.

An einem anderen Morgen war ich einkaufen, als er anrief. Bei meiner Rückkehr saß Louise am Küchentisch. An ihrem Gesichtsausdruck konnte ich erkennen, daß sie mir etwas Wichtiges mitzuteilen hatte. Ich stellte die zwei Tüten mit Lebensmitteln auf den Küchentresen und zog einen Stuhl zu ihr heran.

»Komm, sag es mir, bevor es dich umbringt.«

»Das Nachrichtenmagazin *Time* möchte mit dir eine Titelgeschichte herausbringen!«

Ich wollte aufstehen, aber sie drückte mich sanft auf den Stuhl zurück. »Warte mal, Mark. Du solltest wirklich darüber nachdenken. Der arme Charles war den Tränen nahe. Er bat mich, dich zu überreden. Sie möchten zwei Reporter und einen Fotografen herschicken, und zwar möglichst bald. Nur wenigen Autoren bietet sich eine solche Chance. Warum willst du sie nicht nutzen?«

Ich goß mir eine Tasse Kaffee ein, bevor ich antwortete.

»Du weißt, warum ich es nicht möchte. Wir haben doch vor einigen Wochen darüber gesprochen, und seither hat sich nichts geändert. Wenn wir das Spiel der Medien mitmachen, wird unser Leben zu einem Rummel und dieser Ort zu einem Rummelplatz.«

Sie langte über den Tisch und streichelte meinen Handrücken. »Nun, beruhige dich, und hör mir zu. Denk an die schweren Zeiten, die wir letztes Jahr durchgemacht haben. Selbst in unseren kühnsten Träumen haben wir beide uns nicht vorstellen können, was nun geschehen ist. So wie ich dich kenne, hättest du das Buch wahrscheinlich nie geschrieben, wenn du geahnt hättest, was auf dich zukommt. Aber – es ist nun mal geschehen, und ich bin mir nicht sicher, ob dir bewußt ist, was du erreicht hast. Charles sagte mir, daß du – vorausgesetzt, der Verkauf geht so weiter – zum meistverkauften Autor eines Selbsthilfebuches wirst; damit würdest du sogar Peale oder Carnegie oder was weiß ich wen überflügeln. Und diese netten Menschen da draußen, denen dein Buch so viel gibt, verdienen es, den Mann kennenzulernen, der sich dahinter verbirgt. Vergiß das Geld, den Ruhm und alle anderen sogenannten Vorteile, die du durch dein Auftreten im Fernsehen oder in der Presse gewinnen würdest, und denke statt dessen an die vielen Menschen, die Hilfe von dir erwarten. Du kannst sie nicht ignorieren, das entspricht nicht deiner Art. Du kannst es ganz einfach nicht! Wenn du ehrlich an dein Buch glaubst, und ich weiß, daß du das tust, mußt du aus deinem Elfenbeinturm herauskommen und der Welt erlauben, dich zu sehen, dich kennenzulernen … und zu lieben. Du mußt …«

Die Haustürglocke rettete mich, oder zumindest dachte ich das. Mr. Slattery, unser Postbote, stand auf der vorderen Veranda, die Mütze in der Hand. Er kratzte sich an seinem kahlen Schädel und grinste. In der Auffahrt stand anstelle seines Jeeps ein großer Postlieferwagen.

»Mr. Christopher, ich habe Post für Sie. Sie hat leider nicht in Ihren Briefkasten gepaßt.«

»Gut, gib sie mir, Tom.«

»Wohin soll ich sie bringen? Im Wagen sind achtzehn Säcke. Das müssen mindestens sechstausend Briefe sein. So was habe ich noch nie gesehen. Da sind Sie einige Zeit damit beschäftigt«, meinte er schmunzelnd.

Lange nachdem Mr. Slattery mir geholfen hatte, die Postsäcke in den Leuchtturm zu tragen, starrten Louise und ich immer noch geschockt auf einen Berg von Segeltuchsäcken. Schließlich beugte sie sich herunter, löste den Knoten von einem der Säcke, faßte mit der Hand hinein und holte einen einzelnen rosa Umschlag heraus. Sie öffnete ihn vorsichtig, nahm ein Blatt liniertes Papier heraus, faltete es auf und ließ ihre Augen über die Seite schweifen.

Dann sah sie mich an, um sich zu vergewissern, ob ich ihr zuhörte, räusperte sich und las:

»Sehr geehrter Mr. Christopher! Sie haben mir das Leben gerettet. Ich bin vor noch nicht allzu langer Zeit geschieden worden und habe dabei das Sorgerecht für meine zwei Kinder an meinen Ehemann abgeben müssen. Das Leben erschien mir daraufhin nicht mehr lebenswert. Durch mein dummes Verhalten habe ich alle, die mir wichtig sind und mich liebten, enttäuscht. Ich war versucht, mir das Leben zu nehmen. Dann hat meine Schwester Anne, die immer gut zu mir gewesen ist, mir Ihr Buch gegeben. Es lag mindestens eine Woche ungelesen auf meinem Nachttisch, als ich mich Abend für Abend in den Schlaf weinte. Doch vor ungefähr einem Monat nahm ich Ihr Buch nach dem Zubettgehen zur Hand. Ich habe durch die dunklen Stunden hindurchgelesen und war sehr beeindruckt und tief gerührt. Mir wurde bewußt, daß ich den anderen immer noch viel geben kann, daß ich trotz meiner Fehler ein Geschöpf Gottes bin und daß ich das Recht habe auf eine neue Chance, ein besseres Leben zu führen, vorausgesetzt, ich entscheide mich dafür, diese Chance zu ergreifen. Sehr geehrter Mr. Christopher, Sie haben mir diesen Mut gegeben, und ich danke Ihnen aus ganzem Herzen. Gott segne Sie dafür, daß Sie mir in meiner Dunkelheit ein Licht angezündet haben.«

Louises Augen folgten mir, als ich hin- und herlief. Ab und zu unterbrach ein Knarren der Wendeltreppe die Stille des Leuchtturms.

»Also gut«, murmelte ich schließlich, »ruf Charles an, und sag ihm, daß ich die Leute von *Time* sehen möchte.«

IX

Nicht mal eine Stunde nachdem Louise dem hocherfreuten Charles von meiner Entscheidung berichtet hatte, rief er zurück. Sie nahm den Hörer ab, hörte kurze Zeit hinein, sagte: »Geht in Ordnung« und legte auf.

»Mark, die Leute von *Time* kommen am Freitagmorgen aus Boston. Da bleiben uns nicht einmal vier Tage, um hier Ordnung zu schaffen.«

»Die Post?«

Sie nickte. »Wenn wir das nicht in den Griff bekommen, werden wir in einem Monat darunter begraben sein.«

Nach einem eiligen Halt bei unserer Bank, bei dem wir einen Teil der neu eingegangenen Tantiemen von unserem Sparkonto auf unser Girokonto übertrugen, suchten wir unsere bevorzugte Schreibwarenhandlung in Peterborough auf. In einer über dreistündigen Kauforgie gaben wir fast viertausend Dollar aus! Die Geschäftsinhaber waren so entzückt, daß sie alle unsere Anschaffungen in ihren Lieferwagen luden, uns bis nach Hause nachfuhren und dann im Leuchtturm alles genau dahinstellten, wo Louise es haben wollte.

»Nun, mein Herr«, frohlockte Louise, nachdem sie gegangen waren, »jetzt sind wir also Geschäftsleute.«

»Mir schwirrt noch immer etwas der Kopf. Kannst du

mir jetzt erklären, warum wir zwei weitere Schreibtische und zwei weitere Schreibmaschinen benötigen?«

»Damit wir unsere Post erledigen können. Ich arbeite an einem dieser Schreibtische und Mary Mellon am anderen. Gemeinsam werden wir es schaffen …«

»Moment mal … Kannst du mir sagen, wer Mary Mellon ist?«

»Mark, du kannst dir einfach keine Namen merken. Du kennst Mary. Sie wohnt mit ihrem gelähmten Vater in der Stadt neben dem Feuerwehrhaus. Sie war Lehrerin in Rindge. Ich weiß, daß sie auf der Schreibmaschine schreiben kann, und sicherlich kann sie auch das Geld gut gebrauchen.«

»Ich fasse es nicht. Ich dachte immer, die Frau, die ich geheiratet habe, verfüge über Moral und Ethik. Du und Mary, ihr könnt doch nicht meine Post beantworten. Das wäre nicht richtig.«

Sie warf mir einen ihrer typischen Blicke zu, mit denen sie ihre Verzweiflung über mein Verhalten zum Ausdruck brachte. Dann stürmte sie in die eine Ecke des Leuchtturms und kam mit vier großen braunen Umschlägen zurück. »Mark, es ist nicht unmoralisch, dir zu helfen. Glaubst du, Michener und Herriot würden jeden Brief, den sie erhalten, persönlich beantworten? Gestern vormittag, während du mit Todd Ball spieltest, kam ich hierher und suchte wahllos hundert Briefe aus den Postsäcken heraus. Ich nahm an, daß sie einen guten Querschnitt für all die anderen Briefe geben könnten.«

»Und, Mrs. Gallup, was haben Sie herausgefunden?«

»Deine Post scheint sich in vier Kategorien aufzuteilen. Mehr als die Hälfte der Briefe, fünfundfünfzig von hundert, stammen von Leuten, die dir ganz einfach nur danken wollen, daß du das Buch geschrieben hast. Du würdest dich bei ihnen wahrscheinlich mit ein oder zwei Zeilen für ihre netten Worte bedanken. Habe ich recht?«

»Ja, so ungefähr würde ich das machen.«

»Also beantwortest du einen Brief, der in diese erste Kategorie fällt, und gibst Mary und mir eine Kopie davon. Wir können dann ähnliche Antworten auf die anderen Briefe dieser Art geben. Du müßtest sie anschließend nur noch unterschreiben. Einverstanden?«

Ich konnte mir ein Lächeln über ihren Eifer nicht verkneifen. »Einverstanden.«

»In vierunddreißig Prozent meiner Auswahlbriefe wird um ein Foto mit Autogramm von dir gebeten.«

»Jetzt verstehe ich auch, warum du die zweitausend Spezialumschläge für Fotografien gekauft hast. Aber ich besitze gar kein ordentliches Foto, das ich versenden könnte.«

»Kein Problem. Wenn der Fotograf von *Time* kommt, bitten wir ihn, einige Porträtaufnahmen von dir zu machen, und die kaufen wir ihm dann ab. Hinterher wählen wir das beste aus und machen Abzüge davon. Ich habe in Concord ein Geschäft ausfindig gemacht, das uns so viele Hochglanzabzüge machen kann, wie wir brauchen, und das zu einem günstigen Preis. Du kannst sie dann in Gegenwart von Mary signieren, und sie schickt sie fort.«

»Gut, die erste Kategorie umfaßt also fünfundfünfzig

Prozent meiner Post, die zweite mit den Fotos vierunddreißig Prozent. Das macht zusammen neunundachtzig Prozent meiner Post. Und was ist …«

Sie schlug die Hände überm Kopf zusammen. »Geduld! Laß mich doch ausreden! Die dritte Kategorie, die acht Prozent der von mir gelesenen Briefe ausmacht, kommt von Menschen, die von dir einen bestimmten Rat möchten. Diese Briefe willst du sicher selbst beantworten, wobei einem bei manchen wirklich das Herz blutet. Ich wußte nicht, daß es da draußen so viele Menschen gibt, die um Hilfe flehen.«

»Das sind Menschen, die genauso leistungsfähig und talentiert sind wie ihre Mitmenschen. Aber sie haben so viele Nackenschläge einstecken müssen, daß sie allen Glauben an sich und die anderen verloren haben. – Dann kann ich also entsprechend deinen Zufallsstichproben damit rechnen, ungefähr acht von hundert Briefen beantworten zu müssen. Das wäre dann Kategorie drei. Und was befindet sich in diesem vierten Umschlag?«

»Unangenehme Briefe, Briefe von Spinnern. Ich habe in hundert Briefen nur drei davon gefunden. Einer enthielt eine Bitte um Geld, sehr viel Geld, weil du ja angeblich so reich bist. In einem anderen schreibt eine Frau, du wärst wahrscheinlich eine Wiedergeburt Christi, weil kein anderer so schöne Worte voller Weisheit von sich geben könnte. Sie möchte mit deiner Hilfe eine neue Sekte gründen. Und der dritte Brief ist ganz einfach nur obszön.«

»Keine Heiratsanträge? Ich dachte, Berühmtheiten würden immer Berge davon bekommen.«

»Nun, in dieser Stichprobe waren keine, aber ich wette, du kriegst noch welche. Besonders wenn bekannt wird, wie gut du aussiehst. Und sicher wirst du auch noch viele andere verführerische Angebote bekommen.«

»Und alles wird natürlich vorher erst durch deine Hände gehen.«

»Und Marys. So ein kleiner Kitzel kann einer netten alten Jungfer nicht schaden. Nun aber Spaß beiseite, ich glaube, wir sollten alle seltsamen Briefe, nebst denen, die du persönlich beantworten solltest, zur Seite legen. Du kannst sie durchsehen und entscheiden, was damit geschehen soll. Am klügsten wird es wahrscheinlich sein, diejenigen aus Kategorie vier zu ignorieren.«

Ich gab ihr einen Kuß. »Danke, ich mag deinen Plan, bis auf eine Sache. Wie kann ich da drüben an meinem Schreibtisch sitzen und ein zweites Buch schreiben, wenn ihr zwei den ganzen Tag auf eure Schreibmaschinen einhämmert?«

»Ich habe auch darüber bereits nachgedacht. Dieses Arrangement gilt nur vorübergehend. Sobald wir unser großes Gastzimmer entrümpelt haben, werden Mary und ich dahin ziehen. Dort werden wir dann jeden Tag die Post sortieren und dir deinen Packen Briefe hinüberbringen. Du kannst sie beantworten, wenn du Zeit hast. Am Abend solltest du dann bei uns vorbeischauen, um die anderen Briefe zu unterschreiben. In ungefähr einem Monat hast du deine Einsamkeit, so wie du sie liebst, mehr oder weniger zurück.«

Mary Mellon fing am nächsten Morgen mit der Arbeit an, und obwohl wir es so nicht eingeplant hatten, mußte ich ihnen zumindest in den ersten paar Tagen beim Lesen und Einteilen der Briefe helfen. Es war eine überwältigende Erfahrung. Die Briefe kamen von leitenden Angestellten, Verkäufern, Lehrern, Strafgefangenen, Hausfrauen, Krebskranken, Sportlehrern, College-Studenten und vielen anderen mehr. Charles Bergen hatte also recht gehabt. Menschen aus allen Schichten und Berufen fühlten sich von dem Buch angesprochen, und fast alle Leser ließ es neue Hoffnung schöpfen. Während des ersten Tages unterbrachen wir drei das stumme Lesen der anderen immer wieder mit Ausrufen wie: »Hört euch das an!« »Das hier werdet ihr nicht glauben!« und »Das ist bis jetzt der beste Brief!« Und oft, wenn ich aufblickte, sah ich entweder Louise oder Mary mit den Tränen kämpfen.

Am Abend rief mir Louise von ihrem Schreibtisch aus zu: »Mark?«

»Ja?«

»Kennst du jemanden mit Namen Salom?«

»Nein, nicht daß ich wüßte.«

Sie stand auf, kam zu mir herüber und ließ einen Briefumschlag mit der Aufschrift nach unten auf den Brief, den ich gerade las, fallen. »Sieh dir das an.«

Wir sind seit vielen Jahren verheiratet. Deshalb ließ mich der eigenartige, ungewohnte Klang in ihrer Stimme sofort aufblicken.

»Ist alles in Ordnung, Louise?«

»Lies den Brief.«

Ich zog eine ungefähr vierzehn Zentimeter breite, von einem Goldrand eingefaßte Karte aus dem gelbbraunen Umschlag. In der feinsten Kalligraphie, die ich je gesehen hatte, waren folgende Sätze geschrieben:

In Ihrem ausgezeichneten Buch haben Sie die Menschen daran erinnert, daß eine der größten Gaben, die Gott uns geschenkt hat, die Fähigkeit ist, selbst Entscheidungen treffen zu können.
Ihre Entscheidungen der letzten Jahre haben Mut und Selbstvertrauen erfordert. Irgendwann werden Sie gebeten, diese Fähigkeit noch einmal unter Beweis zu stellen, und die Entscheidung, die Sie dann treffen müssen, wird die schwierigste Ihres Lebens sein.

Die Karte trug die Unterschrift *A. B. Salom.*

Ich zwang mich zu einem Lächeln. »Ein weiterer Brief für unsere vierte Kategorie, oder?«

»Mark, ich habe diesen Brief selbst aus einem dieser Postsäcke herausgeholt. Sieh mal, wie der Umschlag vorne adressiert ist.«

Ich drehte den Umschlag um und sah dort meinen Namen *Mark Christopher* mit blauer Tinte in der gleichen Kalligraphie geschrieben. »Da ist keine Adresse, Louise! Alle anderen Briefe sind zu meinen Händen an den Charles-Bergen-Verlag gerichtet. Aber hier ist nichts außer meinem Namen. Wie hat er seinen Weg hierher gefunden?«

»Ist das alles, was du bemerkst, Mark?« fragte sie mit einer fast kindlich hohen Stimme.

Ich starrte wieder auf den Umschlag. »Mein Gott, da ist auch keine Briefmarke auf dem Umschlag! Und nicht einmal ein Poststempel!«

X

Wie versprochen zog Louise drei Wochen später mit ihrem »Postdienst« aus dem Leuchtturm aus. Mit der Hilfe von zwei kräftigen Schülern aus der Nachbarschaft brachte sie alles im großen Gästezimmer unter. Als Erinnerung an ihre kurze Besitzergreifung meines Zufluchtsortes hinterließ sie eine kleine mit Kiefernholz gerahmte Pinnwand. Wie sie meinte, war sie dazu da, mich an wichtige Ereignisse zu erinnern, wie die Jungen zum Friseur zu fahren oder andere Aufgaben, die ich unter dem Vorwand, von meinem Schreiben vollkommen absorbiert zu sein, nur allzu gerne vergaß.

Wir sprachen zwar nicht weiter darüber, aber in einer Ecke unserer Pinnwand war als Gedächtnisstütze auch die mysteriöse Botschaft in blauer Kalligraphie des geheimnisvollen Mr. Salom geheftet.

Das *Time*-Interview, vor dem ich mich gefürchtet hatte, erwies sich als eine angenehme Erfahrung. John Christy und Donna Templeton hatten offenkundig mein Buch gelesen, was ich an ihren sachkundigen Fragen erkennen konnte, und ihre lockere, sympathische Art nahm mir jegliche Befangenheit. Unser Gespräch ging weit über meine persönliche Vorgeschichte und die in meinem Buch behandelten

Themen hinaus. Obwohl beide Korrespondenten – wie *Time* seine hart arbeitenden Reporter nennt – ständig ein Tonbandgerät mitlaufen ließen, machten sie sich noch viele Notizen, als wir über die Entwicklung der Selbsthilfeliteratur in den Vereinigten Staaten sprachen.

John Christy hatte sich bei Beginn des Interviews für die Abwesenheit ihres Fotografen Roger Meyer entschuldigt, der bei einer anderen Reportage in Boston aufgehalten worden war und erst morgen früh hier eintreffen würde. Er hoffe, daß mir dies keine Unannehmlichkeit bereiten würde. Gleichzeitig müsse er mich aber warnen, daß Roger erst wieder fortgehen würde, wenn er sicher wäre, den wirklichen Mark Christopher auf seinem Film eingefangen zu haben, und das könnte bedeuten, ihn für zwei oder drei Tage zum ständigen Begleiter zu haben.

Bei einer Kaffeepause später am Tag streckte Donna Templeton ihre langen, in Bluejeans steckenden Beine aus und ließ ihren Blick auf der Glutasche des Kaminfeuers ruhen. Dann seufzte sie: »Ich wünschte mir, dieser Tag würde nie zu Ende gehen. Es ist so ruhig und friedvoll hier, und ich habe heute viel dazugelernt. Mr. Christopher, Sie haben mir ein ganz neues Bild von dem vermittelt, was unter wahrem Erfolg zu verstehen ist. Ich werde jetzt, nachdem ich Sie kennengelernt und Ihnen zugehört habe, bessere Arbeit leisten.«

John Christy strich sich über seinen perfekt gestutzten grauen Bart und nickte beifällig. »Sie sind ein glücklicher Mann, Mark. Viele würden Sie beneiden. Sie hatten einen Traum, und Sie haben ihn verwirklicht.«

Ich lief hinüber zum Fenster und winkte John zu mir. »Sehen Sie dort den alten Pickup? Das war für über ein Jahr unser einziges Transportmittel.«

Er schmunzelte. »Und jetzt können Sie und Louise sich jeweils einen eigenen Mercedes leisten.«

»Darum geht es nicht. Wir werden diese alte Kiste für immer behalten. Selbst wenn wir sie nur in der Scheune stehen haben, wird sie uns stets an unsere schwere Zeit erinnern. Es ist wundervoll, Träume und Ziele zu haben, doch die lohnenden erfordern gewöhnlich einen hohen Preis. Ich habe in meinem Buch darauf hingewiesen. Churchills berühmte Worte von ›Blut, Schweiß und Tränen‹ sind auch ein gutes Rezept für Erfolg, aber heutzutage ist dies schwer vermittelbar.«

Donna warf einen kurzen Blick auf ihre Armbanduhr und sah zu John hinüber. Er nickte. »Ich glaube, wir haben so ungefähr über alles geredet, Mark, aber eine letzte Frage muß ich Ihnen noch stellen, bevor wir uns auf den Weg machen: Jetzt, da Sie diesen großen Bestseller geschrieben haben und so viel Geld und Sicherheit besitzen, wie Sie sich nur wünschen können, welches ist nun Ihr Ziel im Leben?«

Es war eine arglose und legitime Frage, doch zum ersten Mal an diesem Tag zögerte ich mit der Antwort. Ich fühlte den Blick beider auf mich gerichtet, als ich stumm an meiner Armbanduhr herumspielte. Endlich hörte ich mich selbst sagen: »Ich möchte lange genug leben dürfen, um meine beiden Jungen zu Männern heranwachsen zu sehen.«

Donna küßte mich auf die Wange, als sie in das gemietete Oldsmobile stieg. Ich bedauerte den Weggang der beiden.

Am nächsten Morgen, während ich gerade den Rasen mähte, traf unser Fotograf ein – in einem knatternden alten Sportwagen. Roger Meyer verbrachte als Gast das Wochenende bei uns und schlief in Glenns Zimmer, der zu seinem Bruder gezogen war. Er eroberte die Herzen der beiden im Sturm; abends saß er an ihrem Bett und erzählte von seinen vielen Abenteuern mit der Kamera. Er lehrte sie, seine Nikon zu bedienen, und nahm sie mit auf einen Ausflug über die Landstraßen von Jaffrey. Sie fühlten sich wie bei einem Grand-Prix-Rennen, Todd saß rittlings auf dem Getriebetunnel hinter den beiden Vordersitzen und stieß Freudenschreie aus.

Wenn er nicht mit meinen beiden Söhnen beschäftigt war, machte Roger Fotos von mir, und zwar in jeder nur denkbaren Pose: im Garten arbeitend, ein Spiel der Jugendliga trainierend, an der Schreibmaschine sitzend, oben im Leuchtturm die Landschaft bewundernd, meine Post lesend, am Pickup lehnend, Holz hackend. Für die meisten Fotos stand ich jedoch vor dem Leuchtturm, die Hände in die Hüften gestützt, lächelnd, ernst blickend, Grimassen schneidend, mit dem Finger in eine Richtung weisend. Immer mit dem Leuchtturm im Hintergrund vergrößerte oder verkleinerte er mich mit seinem Weitwinkelzoom, so daß er stets uns beide auf dem Bild hatte. Am Ende waren dreiundzwanzig Filme mit jeweils sechsunddreißig Bildern verknipst, einige davon in Farbe, die meisten jedoch schwarzweiß. Zwei Filme davon enthielten Porträtaufnahmen, die er Louise zum Geschenk machte, als Gegenleistung, wie er meinte, für »Unterkunft und Verpflegung«.

Nachdem Roger abgefahren war, liefen beide Jungen noch tagelang mit einer Jammermiene herum.

An einem Montag, Ende Juli, hörte ich Charles Bergens vertraute Stimme am Telefon. Er wiederholte ständig das Wort »phantastisch«.

»Hast du es noch nicht gesehen, Mark? Phantastisch, einfach phantastisch!«

»Was soll ich gesehen haben?«

»Das Titelbild und den Artikel in *Time.* Sie haben gute Arbeit geleistet! In jeder Hinsicht … Sie haben dich nicht in die Pfanne gehauen. Ich habe mir diesbezüglich schon Sorgen gemacht. Du siehst auf den Fotos so jung und gut aus. Vielleicht sollten wir auf dem Buchumschlag ein Bild von dir bringen. Wir haben wieder eine neue Auflage gestartet. Die vierzehnte! Das macht zusammen – halt dich fest – zwei Millionen gedruckte Exemplare. Zwei Millionen! Ich hoffe, du hast einen guten Steuerberater. Du wirst ihn gebrauchen können. Und dann denk an dein Telefon. Louise sollte dir umgehend eine Nummer besorgen, die nicht im Telefonbuch aufgeführt ist. Sobald die Zeitschrift auf den Markt kommt, wirst du Anrufe von überallher bekommen. Was soll ich sagen? Herzlichen Glückwunsch!« Ihm brach die Stimme vor Rührung. »Wenn nur … wenn nur mein Vater das hätte erleben dürfen.«

Mr. Slattery brachte am nächsten Morgen unser Exemplar von *Time* persönlich an die Haustüre und erklärte, er hätte es nicht fertiggebracht, diese wichtige Ausgabe einfach in den Briefkasten zu stopfen. Wie ich geahnt hatte, war für die Titelseite ein Bild genommen worden, das Roger von mir vor dem Leuchtturm aufgenommen hatte. Es war von unten geknipst worden, so daß ich so groß schien wie das Gebäude hinter mir. Unter dem *Time*-Logo stand in dicken schwarzen Druckbuchstaben: »Ein Leuchtfeuer der Hoffnung in einer schwierigen Welt«. Rechts unter dem Bild stand kleiner gedruckt: »Ein Exklusivinterview mit *Mr. Success*!«

Louise goß gerade für sich und Mary Orangensaft aus, als ich mit der Zeitschrift in die Küche kam. Ich reichte sie ihr, setzte mich und wartete geduldig, bis sie den gesamten Artikel gelesen und bei jedem Foto den Kopf hin und her gewogen hatte.

»Nun?«

»Mir gefällt alles außerordentlich. Doch am besten finde ich das«, wobei sie die aufgeschlagene Zeitschrift zu mir herüber schob und auf den letzten Absatz deutete. »Ganz zum Schluß sagen sie, dein Name passe genau zu dir, weil das Wort Christopher ›Christusträger‹ bedeute.«

XI

Ich hätte wissen müssen, daß der wohlwollende Artikel in *Time* eine Lawine von Interviewanfragen ins Rollen bringen würde, die ich fairerweise nicht ablehnen konnte, nun, da ich mein Schweigen gebrochen hatte. Ein in New York von vielen Seiten bedrängter Charles Bergen faßte schließlich den Entschluß, eine Werbeagentur einzuschalten, nicht weil wir mehr Publizität benötigten, wie er mir rasch auf mein Aufstöhnen hin erklärte, sondern zur Überprüfung, Koordinierung und – nach Kontaktaufnahme mit mir – Terminabsprache für die Reporterbesuche in unserem Haus auf dem Hügel.

Nach Louise, die mitgezählt hatte, wurde ich in den letzten fünf Monaten des Jahres 1981 sechsundneunzig Mal interviewt! Es wurde fast unmöglich, an einem Zeitungskiosk vorbeizugehen, ohne daß Mark Christopher die Vorübergehenden von der Titelseite einer oder mehrerer Zeitschriften anlächelte. Besonders unangenehm war mir dies in unserem bevorzugten Lebensmittelgeschäft am Ort. Schließlich brachte sogar *Newsweek* einen Sonderbericht; er war schmeichelhaft und ohne jegliche Andeutung einer Verärgerung, weil sie gegenüber *Time* den kürzeren gezogen hatten, obgleich die erste Besprechung des Buches in ihrer Zeitschrift erschienen war. Und unser Leuchtturm wurde in so vielen Artikeln abgebildet und groß herausgebracht, daß er, wie Charles prahlte, über Nacht zu einem amerikanischen Wahrzeichen geworden war.

Meistens machten mir die Interviews Spaß. So ungefähr nach dem ersten Dutzend kamen meine Antworten sehr bestimmt und gut formuliert, da mir immer und immer wieder dieselben Fragen gestellt wurden. Wie ein Fußballtrainer, der die Spiele seiner Mannschaft auf Video ansieht, um Schwächen festzustellen und zu korrigieren, ging ich jedes Interview nachher im Geiste noch einmal durch, und wenn ich das Gefühl hatte, auf eine bestimmte Frage eine schwache Antwort gegeben zu haben, überlegte ich mir, was ich sagen sollte, falls diese Frage wieder gestellt werden würde. Und sie wurde immer wieder gestellt.

Ich lehnte weiterhin alle Einladungen zu Auftritten in Funk oder Fernsehen ab, für die ich irgendwohin hätte fliegen müssen. Um diese Verweigerung zu umgehen, wurde mir alsbald vorgeschlagen, Aufnahmen »vor Ort« in oder um den berühmten Leuchtturm zu machen. Ich lehnte auch dies ab, sehr höflich, wie ich annahm, obwohl der arme Charles fast einen Herzanfall erlitt, als die Leute von unserer Agentur ihm mitteilten, daß ich Barbara Walters einen Korb erteilt hatte.

Wie sehr ich auch versuchte, die Sache abzubremsen, der Publicityrummel wollte nicht abflauen. Der Präsident eröffnete eine seiner vom Fernsehen übertragenen Pressekonferenzen mit einem Zitat aus meinem Buch. Frank Reynolds sprach in den Abendnachrichten von mir als

Mr. Success. In Manila gab es fast einen Aufruhr, als mein Buch vom Zoll freigegeben und in den zahlreichen Buchhandlungen der zwei größten Ketten *Alemars* und *National Bookstore* zum Verkauf kam. Viele Spieler des Football-Teams der Clemson University sagten, daß sowohl mein Buch als auch ihr Trainer Danny Ford ihnen zum Meisterschaftstitel verholfen hätten. Und Anfang Dezember produzierte die Druckerei von Charles Bergen, die nun rund um die Uhr ausschließlich für mein Buch arbeitete, ihr fünfmillionstes Exemplar!

Welche Ironie, sagte ich mir. Da habe ich meinen alten Lebensstil aufgegeben, um mein Leben zu genießen, und nun verbringe ich so viel Zeit im Leuchtturm mit Interviews oder der Beantwortung meiner Post, daß die lieblichen Teerosen, die von den Croydons so viele Jahre gehegt und gepflegt worden waren, durch alles mögliche Ungeziefer dahinsiechten. Und noch schlimmer, unsere Familienausflüge waren, jetzt, wo wir sie uns wieder leisten konnten, nicht aufs neue aufgenommen worden. Der Grund war – was für schreckliche Worte – ein Mangel an Zeit.

Als einer dieser für den späten Januar typischen Schneestürme gerade auf seinem Höhepunkt angelangt war, gab Louise eine feierliche Erklärung ab. Wir saßen gemeinsam beim Abendessen – etwas, was wieder zu einer Seltenheit geworden war –, als sie plötzlich mit der Gabel an ihr Glas klopfte und sagte: »Nun hört mir mal alle gut zu! Nächsten Montag fliegen wir nach Phoenix, Arizona. Wir werden zehn Tage lang diese herrliche Sonne genießen und nur Dinge tun, die uns Spaß machen: Schwimmen, Essen, ins Kino gehen, uns von der Sonne bräunen lassen, Einkaufen, Sehenswürdigkeiten besichtigen und was uns sonst noch alles in den Sinn kommt. Wie findet ihr das?«

Ich wartete, bis das Freudengeheul soweit abgeebbt war, daß man mich hören konnte: »Louise, das ist unmöglich. Wir können jetzt nicht weggehen. Es ist so viel zu tun.«

»Hör mal zu, mein Lieber, ich habe dein Buch gelesen. Nichts ist unmöglich. All die Arbeit hier kann warten. Wir müssen wieder einmal zusammensein. Das war ein weiteres schweres Jahr für uns alle, in dem wir nicht viel Zeit füreinander hatten. Wir packen einfach unsere Sachen und verschwinden. Mary und die anderen werden nach dem Rechten sehen, während wir fort sind. Es gibt nichts, was nicht zwei Wochen aufgeschoben werden könnte, und wenn sie uns brauchen, genügt ein Telefonanruf.«

»Aber wir werden so kurzfristig in Phoenix keine ordentlichen Zimmer mehr bekommen. Die guten Hotels sind wahrscheinlich schon seit September ausgebucht.«

Sie lächelte verschmitzt. »Da habe auch ich unsere Reservierung gemacht, und zwar in dem Moment, als der Scheck mit der Überweisung deiner Tantiemen eingegangen ist. Wir haben zwei nebeneinanderliegende Zimmer im Arizona Biltmore. Man hat mir gesagt, ein besseres Hotel als das Biltmore gäbe es nicht.«

Auf unserem Flug nach Phoenix saßen Todd und Glenn direkt vor uns. Sie wechselten sich auf dem Fenstersitz der riesigen DC 10 ab, so daß jeweils einer das unbekannte Panorama tief unten bewundern konnte. Es war ihr erster Flug. Plötzlich tauchte Todds verwirrtes Gesicht über dem Kopfpolster auf. »Mom?«

Luise sah von ihrem Kreuzworträtsel auf. »Ja, Liebling?«

»Ich kann da unten keine Menschen sehen.«

»Das kommt, weil wir so hoch sind, fast sieben Meilen über dem Erdboden. Selbst die Berge und Flüsse sehen von hier oben winzig aus.«

»Ist Gott noch höher als wir?«

»Viel höher.«

»Und … wie kann er dann unsere Gebete hören und über uns wachen?«

»Todd, weil Gott alles kann. Deshalb ist er Gott.«

»Oh.« Das immer noch besorgt aussehende Gesicht verschwand aus unserer Sicht. Ich tätschelte Louises Hand. »Du hast dich mit Anstand aus der Affäre gezogen.«

Wer immer Louise das Arizona Biltmore empfohlen hatte, traf genau ins Schwarze. Das Hauptgebäude lag am Ende einer langen, gewundenen, von Palmen und Blumen gesäumten Auffahrt. Man hatte das Gefühl, in eine andere, ruhigere Epoche einzutauchen und dennoch sämtliche Bequemlichkeiten der heutigen Zeit zur Verfügung zu haben. Die sechsundzwanzig Grad warme Luft war eine angenehme Abwechslung nach den Minustemperaturen und Schneestürmen, die hinter uns lagen.

Wir haben so viele unbezahlbare Erinnerungen an diese allzu kurze Zeit im Valley of the Sun. *Wir* – was für ein schönes Wort. Wir machten Einkäufe im riesigen *Metrocenter* von Phoenix. Wir aßen im *Pinnacle Peak Patio* große über Mesquiteholz gegrillte Steaks. Wir feuerten nach dem Essen in einer inszenierten »Western-Schießerei« die »Guten« an. Wir sahen unsere ersten echten Cowboys, fotografierten den *Betenden Mönch* auf *Camelback Mountain,* wir ritten in die Wüste auf sanften *Appaloosa-Pferden,* die wir samt den indianischen Führern gemietet hatten, stiegen auf den *Squaw Peak,* fuhren mit einer Postkutsche und tranken kalte Limonade aus Kräuterextrakten im *Rawhide's Golden Belle Saloon.*

An einem Nachmittag saßen wir am Pool, genossen die Wüstensonne und sahen Glenn zu, der auf dem Sprungbrett seine Clownnummer abzog. Ich drückte Todd, der neben mir saß, kurz an mich und fragte: »Bist du glücklich?«

»Oh, ja!«

»Man sagt, wer am Anfang eines neuen Jahres glücklich ist, wird dies das ganze Jahr über sein. Glaubst du das?«

Er war damit beschäftigt, seinen Kopf mit einem großen Handtuch abzutrocknen, deshalb konnte ich seine Antwort nur schlecht verstehen: »Ich, ich weiß nicht, Dad«.

»Was heißt das, du weißt es nicht?«

»Dad, du bist jetzt immer mit den Reportern im Leuchtturm. Es wird ein glückliches Jahr werden, wenn wir wieder alle zusammen Dinge machen können, wie jetzt gerade.«

»Gut, mein Sohn, ich gebe dir hiermit folgendes Versprechen«, und dabei hob ich die rechte Hand: »So Gott will, wird unsere Familie ein schönes Jahr 1982 erleben, so eines wie damals, als wir nach Jaffrey gezogen sind.«

Todd runzelte die Stirn. »Warum hast du ›so Gott will‹ gesagt?«

»Das ist so eine alte Gewohnheit, die ich von meinem Vater übernommen habe. Es bedeutet, wenn Gott mich am Leben erhält, dann werden wir ...«

Todd packte meinen Arm. »Wirst du sterben?«

»Nein, nein, Todd. Das ist nur so eine Redensart.«

Louise sprang plötzlich auf. »So, meine Rasselbande, jetzt räumen wir dieses ganze Durcheinander hier auf und ziehen uns an. In einer Stunde sollten wir beim Abendessen erscheinen, und die netten Kellner in der Orangerie haben es nicht gern, wenn man sie warten läßt.«

Die Tage vergingen wie im Fluge, und am Morgen unserer Abreise saßen vier Menschen mit langen Gesichtern in den Zimmern 212 und 214. Während die Hotelangestellten unser Gepäck in den Kofferraum unseres Mietwagens luden, ging ich zur Rezeption und bezahlte unsere Rechnung. Ich war schon am Ausgang angelangt, als ich die Zimmerschlüssel der Jungen in meiner Tasche bemerkte. Ich lief denselben Weg zurück und gab die Schlüssel ab. Als ich mich gerade wieder umdrehen wollte, hörte ich meinen Namen rufen:

»Mr. Christopher!«

Die hübsche Rezeptionistin, die sich soeben um meine Abrechnung gekümmert hatte, hielt einen Umschlag in der Hand. »Gut, daß Sie zurückgekommen sind. Ich habe vergessen, Ihnen diese Nachricht zu übergeben. Sie lag in Ihrem Fach.«

Ich stand reglos da und starrte auf den gelbbraunen Umschlag, auf dem mit blauer Tinte in zierlicher Kalligraphie mein Name stand. Schließlich riß ich ihn auf, zog die goldumrandete Karte heraus und las:

Trinken Sie den Becher der Freude bis zur Neige,
denn niemand hat es mehr verdient als Sie.
Doch stellen Sie sich darauf ein,
daß der Augenblick der Entscheidung naht.

Die Karte war, wie die erste, mit *A. B. Salom* unterzeichnet. Keiner der Angestellten konnte sich daran erinnern, den Umschlag in das Fach gelegt zu haben. Ich zerknüllte sowohl die Karte als auch den Umschlag und warf beides in einen Messingaschenbecher. Dann trat ich in das gleißende Sonnenlicht von Phoenix hinaus.

XII

Ende März 1982 stand unerwartet Charles Bergen vor unserer Haustür, begleitet von David Coronet, Präsident von Goliath Books, dem weltweit größten Taschenbuchverlag. Charles brachte wegen des überraschenden Besuchs eine lahme Entschuldigung vor, doch Louise und ich waren so glücklich, ihn endlich persönlich kennenzulernen, daß wir ihn willkommen hießen, als wäre er der verlorene Sohn. Sein Erscheinungsbild war zwar im ersten Moment gewöhnungsbedürftig, hatten wir ihn uns doch, wie bereits erwähnt, aufgrund seiner heiseren Stimme und seiner Art zu sprechen als einen älteren Mann vorgestellt. In Wirklichkeit war er vielleicht Anfang Dreißig, verfügte über die geschmeidigen Bewegungen eines Sportlers und trug eng anliegende Designer Jeans zu einem schwarzen Cashmere Jackett. Kurzum, er sah ganz und gar nicht wie der typische Verleger aus.

David Coronet wiederum entsprach perfekt seiner Rolle. Er hatte eine schmale Taille, breite, leicht abgerundete Schultern, ein kantiges Kinn und ein zerfurchtes Gesicht unter einem wilden Schopf schlohweißer Haare. Selbst sein dunkelblauer Nadelstreifenanzug und seine tiefe Baritonstimme paßten genau zu seinem legendären Ruf als Verleger, der Goliath Books fast im Alleingang in weniger als zwanzig Jahren zu einem Verlagsriesen aufgebaut hatte.

Wie bei den meisten unserer Besucher endete auch diesmal die übliche Tour durch Haus und Garten im Leuchtturm, wo Louise uns Kaffee und Gebäck servierte, bevor sie davonjagte, um Glenn von der Schule abzuholen.

David Coronet lehnte sich auf der Couch zurück, knöpfte sein einengendes Jackett auf, kreuzte die Beine und hob seine Tasse in die Höhe. »Dies ist alles einfach wunderbar! Der Turm des Erfolges – welch ein perfekter Name. Die Hügelkuppe, Ihr Haus und dieser Leuchtturm – alles ist tatsächlich wie in den vielen Artikeln beschrieben. Und Sie, Mark, und auch Louise sind genauso, wie ich sie mir vorgestellt habe – charmant, bescheiden und fest auf dem Boden der Wirklichkeit stehend. Es ist schön, hier zu sein!«

»Vielen Dank. Der Besuch von Ihnen beiden ehrt uns.«

»Vor vielen Jahren habe ich die Bekanntschaft von Joshua Croydon gemacht«, erzählte der alte Verleger. »Ich habe fast die komplette Serie seiner Kinderbücher veröffentlicht. Er war ein kluger Mann, der viel zu sagen hatte und es gut sagte. Wenn ich mir vorstelle, daß alle seine wohlformulierten Sätze hier entstanden sind …«

Ich zeigte auf meinen Schreibtisch. »Das war seine Schreibmaschine – seine Frau hat sie mir geschenkt.«

Coronet stand auf, lief gemächlich zum Schreibtisch hinüber und klopfte sacht auf einige Tasten der Schreibmaschine. »Und Sie haben Ihr Buch auf diesem Relikt geschrieben?«

»Jedes einzelne Wort.«

»Erstaunlich! Glauben Sie, daß Sie das gleiche Buch auf einer anderen Schreibmaschine und in einer anderen Umgebung hätten schreiben können?«

Diese Frage war mir bisher noch nie gestellt worden.

»Nun, soweit ich mich erinnere, hat der Geist von Joshua Croydon mir nie von hinten über die Schulter gefaßt und ein paar Abschnitte für mich auf der Maschine getippt, wenn es das ist, was Sie meinen. Dies war der Arbeitsraum und die Schreibmaschine des Mannes, aber das Buch, das kann ich Ihnen versichern, ist einzig und allein von mir. Es gibt keinen Mitautor, auch keinen verstorbenen.«

Der alte Herr kicherte. »Verzeihen Sie. Goliath hat in letzter Zeit so viele Bücher über Okkultes herausgebracht, daß ich anfange, unter jeder Straßenlaterne Geister zu sehen. Wie dumm von mir. Erzählen Sie mir jetzt lieber, wieviel Fanpost Sie in letzter Zeit bekommen haben?«

»Zur Zeit treffen ungefähr achthundert Briefe pro Woche ein.«

Er schüttelte verwundert den Kopf. »Das ist unglaublich, wenn man bedenkt, daß das Buch seit achtzehn Monaten auf dem Markt ist. Erhalten Sie auch Briefe von ›Verrückten‹?«

»Jede Woche ein paar. Wir antworten nicht darauf, bewahren sie jedoch auf.«

»Beunruhigt es Sie?«

Ich zögerte. »Zuerst ja, aber inzwischen lachen wir darüber. Ich nehme an, das ist der Preis, den man für diese Art von Ruhm, Bekanntheit oder wie immer Sie es nennen wollen, bezahlen muß.«

Sein längeres Schweigen wurde von Charles unterbrochen: »Mark, es ist so schön, Sie endlich persönlich kennenzulernen, und wie David freue auch ich mich, daß Sie genau die Art von Mensch sind, die ich hoffte, vorzufinden. Ich nehme an, Ihnen ist klar, daß dieser heutige Besuch kein Zufall ist.«

Ich grinste. »Sie sind nicht zufällig hier vorbeigefahren?«

Sein Lächeln wirkte angespannt. »Nein, David und ich haben uns in den letzten Wochen mehrere Male in New York getroffen, um über einen möglichen Erwerb der Rechte für die Taschenbuchausgabe Ihres Buches zu reden.«

Ich wandte mich David Coronet zu: »Ich weiß nicht viel über das Verlagswesen, besonders nicht, was das Taschenbuchgeschäft angeht. Aber Sie haben sicherlich Redakteure und Rechtsanwälte, die die Verhandlungen um die Rechte an Neuauflagen führen?«

»Ja, die renommiertesten Verlage tun dies, aber Ihr Verleger hier ist ein ziemlich zäher Kerl, und die gebundenen Exemplare Ihres Buches verkaufen sich immer noch so gut, daß er gar nicht über Taschenbuchrechte reden will. Zwei meiner Redakteure waren monatelang mit seinem Fall beschäftigt, aber inzwischen haben sie es aufgegeben und alles mir überlassen, weil sie wissen, wie sehr ich dieses Buch für Goliath haben möchte. Mark, ich bat Charles, mich hierherzubringen, damit ich persönlich mit Ihnen reden kann. Ich möchte Ihnen ein Angebot unterbreiten, das die Verlagswelt in Aufruhr versetzen wird, sobald sich die Neuigkeit herumgesprochen hat. Der Betrag, an den wir denken, wird bei weitem jede Summe übersteigen, die jemals zuvor für Taschenbuchrechte bezahlt worden ist.«

Ich wandte mich an Charles. »Ich verstehe das alles nicht. Laut Vertrag können Sie jeden zusätzlichen Verkauf von Rechten durchführen, ohne mich einzubeziehen. Sie haben die Rechte schon oft in andere Länder verkauft und ein gutes Geschäft gemacht. Warum konsultieren Sie mich jetzt mit diesem?«

Charles lehnte sich zurück und rieb seine Stirn. »Weil der Verkauf an Goliath von Ihrer Zustimmung abhängt, gewisse Aktivitäten bei der Verkaufsförderung der Taschenbuchausgabe zu übernehmen.«

»Versuchen Sie mir beizubringen, ich müßte bei einem dieser verrückten Werbefeldzüge mitmachen und das Buch in jeder Radio- und Fernsehsendung des Landes anpreisen?«

Bevor Charles antworten konnte, war Coronet aufgestanden. Er zog sein Jackett aus und warf es, nachdem er eine lange Zigarre aus der Innentasche gezogen hatte, auf die Couch. Dann zündete er sie an und wandte sich an mich: »Darf ich Ihnen ganz kurz unseren Plan erklären?«

Ich zuckte die Achseln und lehnte mich zurück.

»Mark, ich bin mir sicher, daß Sie das größte Selbsthilfebuch aller Zeiten geschrieben haben. Es enthält nicht irgendwelche Hypothesen oder sonstigen Krampf, sondern präzise und praktische Vorschläge, wie jeder einzelne sein Leben zum Besseren verändern kann. Weil ich Ihr Buch unbedingt bei Goliath herausbringen möchte, habe ich bei unserem Verwaltungsrat bereits meinen guten Ruf aufs Spiel gesetzt. Ich mußte sie zuerst davon überzeugen, und das ist mir gelungen. Hier ist also mein Vorschlag: Unsere erste Auflage wird die größte sein, die je im Verlagsgeschäft getägt wurde, nämlich fünfzehn Millionen Exemplare! Ihr Buch wird überall im Land angeboten werden: in Lebensmittelgeschäften, Drogerien, Apotheken, Buchhandlungen, Kaufhäusern, an Zeitungskiosken und Flughäfen. Wir werden es in einem speziellen Ständer präsentieren und für Plakate sowie Werbespots in den lokalen Radio- und Fernsehsendern sorgen. Sie werden die vierundzwanzig größten Städte des Landes aufsuchen und jeweils zwei Tage in jeder Stadt verbringen. Dort werden Sie in den beliebtesten Fernseh- und Radiosendungen auftreten, Presseinterviews geben und Ihr Buch in den führenden Buchhandlungen signieren. In jeder Stadt wird einer unserer Vertreter von morgens bis abends zu Ihrer Verfügung stehen und sich um alles kümmern, so daß Sie nichts anderes tun müssen, als der charmante Mark Christopher zu sein. Am Ende Ihres Werbefeldzuges, nach achtundvierzig Tagen, wird die Tour ihren Höhepunkt erreichen – mit einer Rede über Ihr Buch im vollbesetzten Yankee-Stadion! Und diese Rede wird, wenn wir es zuwege bringen, von einem der großen Fernsehsender übertragen. Natürlich werden wir uns um alle Details der Tour kümmern und alles tun, damit es für Sie nicht zu anstrengend wird.«

»Yankee-Stadion?«

»Warum nicht? Das wird dort das bedeutendste nichtsportliche Ereignis sein seit dem Besuch des Papstes vor einigen Jahren. Wir werden Eintrittskarten verkaufen und den gesamten Erlös einer von Ihnen bevorzugten karitativen Einrichtung spenden. Vielleicht können wir sogar eine Konfettiparade den Broadway hinauf oder hinunter organisieren.«

Charles lehnte sich zu mir herüber. »Mark, Goliaths Taschenbuchausgabe wird den Millionen zugute kommen, die keine zehn Dollar für ein gebundenes Buch ausgeben können, und das sind die Menschen, die Ihr Buch am meisten brauchen. Durch die weite Verbreitung Ihrer Lebensregeln tun Sie mehr, um unserem Land aus seiner Apathie, seinem Selbstmitleid und seiner Angst vor der Zukunft herauszuhelfen, als es der Kongreß samt Präsident vermögen. Das ist mein fester Glaube.«

»Charles, um Himmels willen, Sie übertreiben. Dies ist nur ein Buch und nicht ›Die Bergpredigt, Teil zwei‹.«

»Es ist nicht einfach nur ein Buch«, unterbrach Coronet, »es ist, und davon bin ich überzeugt, das beste Selbsthilfebuch, das je geschrieben wurde – ein Leitfaden zu einem besseren Leben für alle, die sich an Ihre Vorgaben halten. Ich weiß, wie sehr Sie Ihre beiden Söhne und Louise lieben. Das vermittelt jede Reportage, die ich über Sie gelesen habe. Vergessen Sie uns, vergessen Sie Ihre Leserschaft, vergessen Sie sich selbst, und denken Sie einmal nur an Ihre Familie. Wenn Sie meinem Plan zustimmen, können Sie sicher sein, daß es Ihnen an nichts mehr fehlen wird, egal, was die Zukunft bringt. Wieviel ist Ihnen dies wert? Sind fünfzig Tage Ihres Lebens, in denen Sie im Land das Evangelium nach Christopher verbreiten, ein zu hoher Preis?«

Charles starrte auf seine Gucci-Slipper. Sein Kopf war nach vorne geneigt, als ob er auf das Beil des Scharfrichters warten würde. Und dieser Scharfrichter war ich.

»David«, hörte ich mich selbst sagen, »welches ist die höchste Summe, die für die Taschenbuchrechte an einem gebundenen Bestseller im voraus bezahlt wurde?«

Er kratzte sich am Kinn und antwortete: »Etwas mehr als drei Millionen Dollar.«

Ich schluckte. »Drei Millionen? ...«

David legte seine Hand auf meine Schulter und sagte: »Goliath Books würde für Ihr Buch bedeutend mehr bezahlen.«

Ich atmete tief durch. »Wieviel?«

»Fünf Millionen Dollar!«

XIII

Unsere Kinder in der Obhut von Mary Mellon zurücklassend, fuhren Louise und ich zwei Wochen später nach Boston, um dort in ein Flugzeug nach New York zu steigen. Goliath gab einen formellen Presseempfang (Abendkleidung vorgeschrieben!) im New Yorker Hilton Hotel, bei dem der Erwerb der Taschenbuchrechte an meinem Buch bekanntgegeben werden sollte. Nach Unterzeichnung des Vertrages hatte die Werbeabteilung von Goliath die Dinge rasch und effektiv vorangetrieben. Als Louise und ich, flankiert von David Coronet und Charles Bergen, den bis auf den letzten Platz gefüllten Ballsaal betraten, wurden wir mit großem Applaus und einem Blitzlichtgewitter empfangen.

Louise lächelte und winkte in die Kameras. Nebenbei schaffte sie es noch, mich sanft mit dem Ellenbogen anzustupsen und mir zuzuflüstern: »Nun, dieses Mal hast du uns in ein schönes Dilemma gebracht!«

»Lächle einfach weiter, Liebling. Du machst das prima.«

»Großer Gott, Mark, da ist Lauren Bacall und … und Charlton Heston und der Bürgermeister … wie war sein Name?«

»Koch. Vielleicht hat er uns den Schlüssel für die Stadt New York mitgebracht.«

»Eine heiße Pastrami [Sandwich mit geräuchertem Rindfleisch] wäre mir lieber. Ich sterbe vor Hunger.«

»Das geschieht dir recht. Du hast ja fast nichts zu Abend gegessen.«

»Ich war zu aufgeregt. Und du, bist du nicht aufgeregt?«

»Doch. Ich bin nur zu benommen, um es zu zeigen. Lächle weiter. Gut machst du das ...«

Letztendlich gelang es David und Charles, uns durch ein Meer ausgestreckter Hände zur Mitte des Ballsaales zu dirigieren, wo ein riesiger aus Zuckerguß geformter, von gelbem Scheinwerferlicht angestrahlter Turm des Erfolges stand. An den Tischen um ihn herum war ein Heer von Kellnern damit beschäftigt, Champagner auszuschenken.

David reichte jedem von uns ein leeres Kelchglas und schenkte aus einer vollen Magnumflasche Dom Perignon ein, doch bevor wir die perlende Flüssigkeit zum Mund führen konnten, mußten wir mit unseren erhobenen Gläsern für unendlich viele Fotos posieren. Schließlich sagte David: »Ich glaube, wir sollten nun weitermachen. Bitte, bleiben Sie an meiner Seite, während ich unsere beeindruckende Versammlung von Berühmtheiten, Reportern und Schmarotzern begrüße.«

Manche Männer sind dazu geboren, einen Smoking zu tragen. Coronet war einer von ihnen. Wie er so aufrecht, als hätte er einen Stock verschluckt, vor dem Mikrophon der Bühne des Ballsaales stand, sah er aus wie der Vorstandsvorsitzende des gesamten Erdballs. Er stand ganz gelassen da, die Hände vor der Brust verschränkt, bis es im Saal ruhig wurde.

»Ich begrüße Sie, meine Freunde. Dies ist ein wichtiger Abend in der Geschichte von Goliath Books und des gesamten amerikanischen Verlagswesens. Wie die meisten von Ihnen bereits wissen, habe ich die Ehre, Ihnen mitteilen zu dürfen, daß wir die Rechte für den Nachdruck eines Buches erworben haben, das in weniger als zwei Jahren zum meistverkauften gebundenen Buch aller Zeiten in den Vereinigten Staaten geworden ist.«

Dann legte er eine Pause von vielleicht zehn Sekunden ein, bevor er fortfuhr: »Aber keiner von Ihnen weiß, daß der Kaufpreis – der Vorschuß auf die Tantiemen – alles übersteigt, was in den dreiundvierzig Jahren, seit es Taschenbücher in der heute bekannten Form gibt, bezahlt wurde ... nämlich fünf Millionen Dollar!«

Der alte Herr legte erneut eine Pause ein. Doch dieses Mal hatte er gar keine andere Wahl. Die stehende Menschenmenge brach in ein lautes Gejohle aus – ein Durcheinander von Lauten, die von Erstaunen über Bewunderung bis zu Neid reichten, unterbrochen von einigen Pfiffen und schrillen Schreien. Plötzlich hatte ich das Gefühl, als ob alle im Ballsaal mich anstarrten, und ich bemerkte, daß Louise ganz nah an mich heranrückte.

David Coronet konnte sich nach einiger Zeit wieder Gehör verschaffen. »Goliaths erste Auflage beträgt fünfzehn Millionen Exemplare, was einen weiteren Rekord darstellt. Drei unserer Druckereien stellen sich auf eine Rund-um-die-Uhr-Produktion ein, um sicherzugehen, daß diese Exemplare am 11. August in allen Verkaufsstellen des Landes ausliegen. An diesem Tag wird Mark Christopher seine nationale Promotion-Tour beginnen, die ihn in die vierundzwanzig größten Städte unseres Landes führen wird. Diejenigen unter Ihnen, die eine Pressemappe erhalten haben, finden darin eine Liste dieser Städte sowie ungefähre Zeitangaben seiner dortigen Auftritte in Rundfunk und Fernsehen, bei Pressekonferenzen und Signierstunden in ausgewählten Geschäften. Die Bürgermeister der Städte, die er auf seiner Tour aufsuchen wird, sind freundlicherweise bereit, den ersten Tag seines Aufenthaltes in ihrer Stadt zum *›Mr. Success Day‹* zu erklären. Die achtundvierzig Tage dauernde Tour wird am 28. September ihren Höhepunkt erreichen; dann nämlich tritt Mr. Christopher im Yankee-Stadion als Hauptredner einer gigantischen Kundgebung unter dem Motto seines Buches *›Eine bessere Art zu leben‹* auf. Außer ihm werden noch andere bekannte Redner sprechen, und die gesamten Einnahmen werden wohltätigen Zwecken zur Verfügung gestellt.«

Der einsetzende Beifall schien nicht enden zu wollen, bis David seine rechte Hand hob und zu sprechen anfing: »Meine Damen und Herren, wie Sie alle gelesen haben, verläßt Mr. Christopher nur selten sein Haus auf dem Hügel in New Hampshire und seinen geliebten Leuchtturm, dieses Symbol der Hoffnung, uns allen inzwischen als Turm des Erfolges bekannt. Es ist uns deshalb eine große Ehre, ihn heute abend in unserer Mitte zu haben.«

»Bei fünf Millionen Dollar konnte er doch nicht zu Hause bleiben!« rief eine männliche Stimme aus einer nicht weit entfernten Gruppe, und die Menge brüllte vor Lachen. David lachte auch, hob dann jedoch wieder seine Hand:

»Wir sind sehr stolz darauf, ihn heute abend bei uns zu haben, in Begleitung seiner reizenden Frau, und ich könnte mir vorstellen, daß er möglicherweise bereit wäre, hier zu mir heraufzukommen, um ein paar Worte an Sie zu richten. Doch denken Sie daran, es handelt sich hierbei um keine Pressekonferenz, weshalb auch keine Fragen gestellt werden sollten. Wenn Sie an einem Interview mit unserem Autor interessiert sind, können Sie nach Durchsicht der Pressemappe Kontakt mit der Goliath-Werbeabteilung aufnehmen. Sie wird sich dann bemühen, einen passenden Termin zu vereinbaren. Und nun, liebe Gäste, habe ich das Vergnügen, Ihnen *Mr. Success* persönlich vorzustellen. Darf ich bitten, Mark Christopher!«

Beifall brandete auf, als ich auf die Bühne stieg, mich dem Mikrophon näherte und David die Hand schüttelte. Für einen Augenblick fühlte ich mich durch die Scheinwerfer des Fernsehens geblendet, verunsichert hielt ich inne, verbeugte mich und versuchte in die dunkle Leere, die sich vor mir auftat, zu lächeln. Ich wußte immer noch nicht genau, was ich sagen sollte. Doch dann fing ich an zu sprechen:

»Meine Damen und Herren, ich glaube, wir alle begeben uns auf diesen ungewissen Lebensweg mit einem Traum, einem Wunsch, einem Ziel. Einige wenige Glückliche schaffen es, alle Gefahren, Barrieren und Schlaglöcher, die sie auf diesem Weg antreffen, zu überwinden und ihr Ziel zu erreichen. Jedoch die meisten kommen auf ihrer Wanderung vom Weg ab, stolpern durch die ihnen geschenkten Lebensjahre, und die Hoffnungen und Träume verblassen irgendwann selbst in ihrer Erinnerung. Für mich ist dies die Verwirklichung eines Traumes, der vor fünfundzwanzig Jahren mit meiner seligen Mutter begraben wurde.«

Im Ballsaal war es still geworden.

»Heute abend ehren Sie durch Ihre Gegenwart nicht mich, sondern sie ... und ihren Traum. Mutter, wo immer du jetzt bist, bitte verzeih mir, daß es so lange gedauert hat, aber am Ende hat es dein Sohn doch noch geschafft.«

Stunden später, während der Champagner noch immer für diejenigen floß, die einer regnerischen New Yorker Nacht nicht ins Auge blicken wollten, brachten David und Charles uns zum Aufzug. Beide versprachen, am Morgen anzurufen, bevor wir zum La Guardia Airport in Richtung Heimat aufbrachen. Als wir mit dem Aufzug nach oben schwebten, seufzte Louise: »Liebling, ich bin so stolz auf dich. Du warst so nett zu all diesen Menschen.«

Ich hielt meine rechte Hand in die Höhe. Sie pochte. »Ich frage mich, wie viele Hände ich geschüttelt habe.«

»Ich habe keine Ahnung, aber ich befürchte, dies ist erst der Anfang.«

»Hoffentlich überlebe ich das.«

»Du wirst es überleben, und wenn die Tour vorüber ist, kommst du wieder zu uns, und alles wird wie früher sein.

Dieser ganze Rummel wird irgendwann aufhören. Sogar Nationalhelden geraten in Vergessenheit, wenn neue Idole auftauchen.«

Ich schloß die Türe unserer Hotelsuite auf und ließ Louise eintreten. »Oh, Mark«, rief sie aus und zeigte auf einen großen Korb mit Früchten, der, in Zellophan eingepackt, auf dem viereckigen Couchtisch stand. »Ist das nicht aufmerksam von der Hotelleitung?«

Sie schleuderte ihre Schuhe weg, lief zu dem Früchtekorb und trat dann einen Schritt zurück. »Mark!«

»Was ist los?«

»Sieh mal!«

Ein quadratischer gelbbrauner Umschlag mit meinem Namen in blauer Kalligraphie lehnte seitlich am Früchtekorb. Ich riß ihn auf und überflog die wenigen Zeilen auf der goldgerahmten Karte, bevor ich sie Louise aushändigte:

> Mr. Christopher, Ihre Mutter weiß sehr genau, daß Sie den Gipfel erklommen haben. Das Band zwischen Eltern und Kindern hält ewiglich. Sie müssen daran denken, wenn Sie gebeten werden, Ihre Entscheidung zu treffen. Ich werde bald wieder mit Ihnen Kontakt aufnehmen.
>
> *A. B. Salom*

Louise versetzte dem Früchtekorb verärgert einen Tritt, so daß er krachend auf dem Fußboden landete. »Mark, wer immer dies geschrieben hat, war heute abend im Ballsaal und hat dich über deine Mutter reden gehört. Das macht mir angst.«

Ich konnte es nicht länger vor ihr verheimlichen. Ich nahm sie in meine Arme und erzählte ihr von der zweiten Nachricht, die ich beim Verlassen des Hotels in Arizona erhalten hatte.

»Wir müssen dem ein Ende setzen«, schluchzte sie. »Das hier ist etwas anderes als das verrückte Zeug, das wir zu Hause mit der Post erhalten. Diese Person verfolgt uns! Sie hat es irgendwie geschafft, den ersten Brief in einen der Postsäcke in New Hampshire zu schmuggeln. Dann hat sie eine Nachricht an der Hotelrezeption in Arizona hinterlassen. Und nun dies! Warum? Vielleicht solltest du David davon erzählen, wenn er morgen anruft ... oder das FBI einschalten ... oder sonst irgend etwas unternehmen. Wir brauchen Hilfe. Wir müssen herausfinden, was dieser Absalom möchte, bevor er uns zum Wahnsinn treibt.«

Ich spürte, wie eine Gänsehaut über meinen Rücken lief. »Was hast du da gerade gesagt? Wir müssen herausfinden, was *wer* möchte?«

»Absalom.«

»Louise, der Absender dieser mysteriösen Botschaften unterschreibt mit A. B. Salom.«

»So? Und wie sprichst du A. B. Salom aus?«

»Absalom?«

»Siehst du!«

»Absalom, Absalom. Das klingt irgendwie biblisch.«

»Es hat mit der Bibel zu tun«, sagte sie. »Aus der Sonntagsschule weiß ich noch, daß Absalom der Sohn von

König David war – aber an mehr erinnere ich mich nicht.«

»Glaubst du, daß der Name ein Anhaltspunkt sein könnte?«

»Wer weiß? Was wir ganz sicher wissen, ist, daß unser geheimnisvoller Bote heute abend in diesem Hotel war. Und, Gott behüte, vielleicht sogar in diesem Zimmer! Ich könnte wetten, wenn du unten an der Rezeption nachfragst, ist heute abend nichts für uns abgegeben worden.«

Ich rief bei der Hotelrezeption an. Louise hatte richtig gewettet. Als ich den Telefonhörer zurück auf die Gabel legte, sah ich sie hektisch in einer Bibel blättern, die sie in der Schublade unseres Nachttisches entdeckt hatte. Nach einer Weile hielt sie inne und begann zu lesen. Ihre weit aufgerissenen Augen huschten ruhelos über die Seiten. Ich wartete, wie mir schien, eine Ewigkeit, bevor sie die Bibel langsam zuklappte.

»Nun?«

Sie sah zur Seite. »Ich hatte recht, Mark. Absalom war ein Sohn von David.«

Stille. Minuten vergingen. »Und?« trieb ich sie ungeduldig an.

»Er lehnte sich gegen seinen Vater auf und wurde von einem Heerführer Davids getötet. Als der König vom Tod seines Sohnes erfuhr, rief er in seinem Schmerz aus: ›O Absalom, mein Sohn, mein Sohn ... Wollte Gott, ich wäre für dich gestorben! O Absalom, mein Sohn!‹«

XIV

Wir hatten gut die Hälfte unseres Fluges nach Boston hinter uns, als Louise mir einen Klaps auf das Knie gab und eine für unsere Verhältnisse lange und ungewohnte Periode düsteren Schweigens brach.

»He! Wer sind wir denn? Man könnte denken, wir kämen von einer Beerdigung zurück. Dabei sind wir vor gerade vierundzwanzig Stunden von den Größen des Verlagswesens geehrt worden. Wir sollten zwei der glücklichsten Menschen dieser Erde sein. Du wirst mehr Geld erhalten, als wir je ausgeben können; dein Name ist im In- und Ausland zu einem Begriff geworden; Berühmtheiten bitten dich um ein Autogramm; Millionen bewundern und lieben dich wegen deines Buches – und nun sieh uns an! Wir lassen uns durch drei Nachrichten von so einem Widerling die Laune und die wichtigsten Ereignisse unseres Lebens verderben.«

»Letzte Nacht hast du noch anders geklungen, als du dem Früchtekorb einen Tritt versetzt hast.«

»Ich weiß«, nickte sie, »aber nach der Hochstimmung, in die mich der Abend versetzt hat, war es nicht einfach, mich wieder mit so einer Botschaft aus der Unterwelt auseinandersetzen zu müssen.«

»Und bist du jetzt nicht mehr beunruhigt?«

»Natürlich bin ich beunruhigt. Aber ich will es nicht zulassen, daß jemand, den ich nicht einmal kenne, Einfluß auf meine Gemütslage nimmt. Du selbst hast geschrieben, daß wir unser Recht auf Selbstbestimmung abtreten, wenn wir es zulassen, daß Worte und Taten anderer uns dazu zwingen, Dinge zu denken, zu sagen oder zu tun, die nicht unserem Charakter entsprechen. Wenn wir uns in acht nehmen, können wir dies vermeiden, richtig?«

»Richtig. Wenn du es zuläßt, daß jemand etwas bei dir ablädt, gibst du dein Leben in seine Hände, und der Preis, den du dafür bezahlst, daß du es zuläßt, ist hoch.«

»Das war mir klar, aber wahrscheinlich habe ich es einen Augenblick lang vergessen. Übrigens, hast du, als Charles und David heute morgen anriefen, von unserem geheimnisvollen Briefeschreiber erzählt?«

»Nein, ich glaube, es hat nicht viel Sinn, sie zu beunruhigen.«

»Wie sollen wir also mit unserem kleinen Problem umgehen?«

»Wahrscheinlich hätte ich mir darüber schon Gedanken machen sollen, als wir aus unserem Urlaub in Arizona zurückgekommen sind.«

Stephen und Sheila Hammond waren unsere unmittelbaren Nachbarn während unseres letzten Jahres in Brookline. Vom ersten Tag an, als nach Steves Versetzung ihr Möbelwagen aus Memphis eintraf, verstanden wir uns gut, und mit der Zeit wurden wir enge Freunde. Zuerst erzählten sie uns lediglich, daß Steve für die Regierung arbeite, und es dauerte mehrere Monate, bis uns die beiden anvertrauten, daß er der neue Chef der Bostoner Niederlassung des Federal Bureau of Investigation sei. Aus verschiedenen Gründen, so erklärte uns Steve, zogen es die Angestellten des FBI vor, ihre Tätigkeit und ihre Privatadresse nicht allgemein bekannt zu machen, und weder Louise noch ich haben je ihr Vertrauen mißbraucht, selbst nicht unseren Kindern gegenüber.

Nachdem unser Flugzeug auf dem Logan Airport gelandet war, telefonierte ich mit Steve und hatte das Riesenglück, ihn in seinem Büro anzutreffen. Wie er mir sagte, würde er den ganzen Nachmittag dort sein und sich freuen, seine alten Nachbarn wiederzusehen.

Wir verbrachten über zwei Stunden bei Steve in seinem geräumigen über Eck gehenden Büro im John F. Kennedy Federal Office Building. Wir erzählten ihm das wenige, das wir zu berichten hatten, angefangen mit der Entdeckung des ersten gelbbraunen Umschlags im Postsack bis hin zu der Nachricht im Hilton in New York. Während wir redeten, machte er sich auf einem vorgedruckten Formular Notizen. Am Ende war das gewohnte Lächeln aus seinem Gesicht verschwunden. Er starrte längere Zeit auf die Karte und den Umschlag, den wir in unserem Zimmer im Hilton vorgefunden hatten.

»Ist die erste Karte samt Umschlag noch an der Pinwand in eurem berühmten Turm des Erfolges?«

»Beides war noch dort, als wir gegangen sind.«

»Könntet ihr es mir bitte zusenden?«

»Sicher.«

»Ich werde im Labor einige Tests veranlassen, und zwar sowohl an den Karten als auch an den Umschlägen. Dürfen wir auch eure Fingerabdrücke nehmen? Vielleicht finden wir Fingerabdrücke, die nicht zu euch gehören.«

»Kannst du uns einen Rat geben, Steve? Wie denkst du darüber? Was könnte es zu bedeuten haben? Du hast sicherlich viel Erfahrung mit derartigen Dingen.«

»Um ehrlich zu sein, ich weiß nicht, was ich davon halten soll. Ich hatte einigen Erfolg beim Herausfinden der Absender von Erpresserbriefen, aber das hier ist etwas anderes. Es ist nicht leicht einzuordnen. Sicherlich, Post von Spinnern erhält man bei steigendem Bekanntheitsgrad. Präsidenten, Filmstars und seit neuestem auch bekannte Sportler sind davon betroffen. Die meisten Briefe kann man einfach ignorieren. Du sagst, du bekommst selbst eine Menge davon, aber Louise hat da einen wichtigen Punkt angesprochen, als sie sagte, daß dieser Mensch euch verfolgt. Er muß in New Hampshire gewesen sein, um den Umschlag ohne Adresse und Briefmarke in den Postsack zu stecken, er war in Phoenix, um die zweite Nachricht an der Rezeption zu hinterlassen, und er war letzten Abend wahrscheinlich in eurem Zimmer im Hilton. Bei dem öffentlichen Aufsehen, das du erregst, und vor allem bei dem Geld, das dir dein Buch einbringt, kommt einem natürlich als erste Möglichkeit ein Kidnapping in den Sinn, wobei der Hinweis, daß du bald eine Entscheidung treffen mußt, dein Verhalten bei einer Lösegeldforderung bedeuten könnte. Bitte, Louise, schau nicht so erschreckt. Ich persönlich glaube nicht, daß dies irgend etwas mit Kidnapping, sei es von einem von euch oder den Kindern, zu tun hat. Ich kenne keinen einzigen Fall, bei dem der Kidnapper seine Opfer vor der Tat gewarnt hat. Nein … diese Nachricht und auch die anderen beiden, die du mir geschildert hast, scheinen eher von einem Freund zu stammen, der versucht, dich vor etwas zu warnen, das auf dich zukommen wird.«

»Schöner Freund! Du hältst also nicht viel von Louises Absalom-Theorie und einer möglichen Botschaft, die im Namen selbst versteckt ist?«

Er zuckte seine schmalen Schultern. »Nach meinem Empfinden erinnert mich dies ein bißchen zu sehr an die versteckten Hinweise in den alten Ellery-Queen-Kriminalromanen. Aber ich bin mir nicht sicher. Es könnte alles möglich sein. Auf den Straßen laufen ein paar sonderbare Typen herum. Manche senden Valentinsgrüße, die explodieren, andere verschicken Päckchen mit Hundekot, und wieder andere backen LSD in Kekse, die sie Kindern an Halloween schenken.«

Louise warf ein: »Und was ist mit unseren Kindern, Steve? Ich möchte ihnen nicht unnötig angst machen. Sollen wir es ihnen erzählen? Sollen wir Leibwächter engagieren? Sollen wir untertauchen? Wie sollen wir damit umgehen? Was sollen wir tun?«

»Im Moment würde ich gar nichts tun«, meinte er, wobei er die goldgerahmte Karte an einer Ecke hochhielt. »Ich weiß, das ist leichter gesagt als getan, trotzdem solltet ihr versuchen, nicht mehr daran zu denken und euer normales Leben weiterzuführen. Die letzte Nachricht endet mit dem Satz: ›Ich werde bald wieder mit Ihnen Kontakt aufnehmen.‹ Anscheinend wird diese Entscheidung, was immer es sein soll, dir von diesem Individuum persönlich unterbreitet. Sollte dies tatsächlich geschehen, Mark, möchte ich, daß du mich möglichst umgehend benachrichtigst.«

Ich zwang mich zu einem Lachen. »Wenn ich dazu noch in der Lage bin ...«

Er fuhr fort, als ob er mich nicht gehört hätte. »Nimm sofort mit mir Verbindung auf. Falls ich nicht hiersein sollte, wissen meine Leute, wo du mich finden kannst. Habt ihr beide das verstanden? Und wenn im Labor aus dieser oder der anderen Karte etwas ersichtlich ist, rufe ich euch an.«

»Und was hat es mit dieser Kalligraphie auf sich? Bedeutet das irgend etwas?«

»Nicht wirklich. Kalligraphie ist gerade in Mode. Viele machen davon Gebrauch. Sheila geht auch einmal in der Woche in einen Kurs, um so schön schreiben zu lernen wie auf dieser Karte. Sie denkt, es würde edel aussehen, wenn sie unsere Weihnachtskarten so unterschreibt. Oh, und wenn wir gerade vom Unterschreiben reden ...«

Er zog die mittlere Schublade seines Schreibtisches auf und holte ein Exemplar meines Buches heraus. »Würdest du dies bitte für Sheila und mich signieren? Ich kann dir nicht sagen, wie sehr es uns in der letzten Zeit geholfen hat, einige persönliche Probleme zu lösen. Nie hätte ich gedacht, daß mein Nachbar, der immer seine Steaks auf dem Grill anbrennen ließ und keinen Nagel in die Wand schlagen konnte, soviel Weisheit besitzt. Man lernt eben nie aus.«

Ich schrieb eine Widmung für beide hinein und reichte ihm das Buch zurück. Unsere Hände berührten sich kurz, und er sagte voller Mitgefühl: »Manchmal ist es die Hölle, *Mr. Success* zu sein, was, Mark?«

XV

Vom späten Frühjahr bis zur Mitte des Sommers 1982 wurde unser Haus auf dem Hügel auf meinen Wunsch hin praktisch zu einer Einsiedelei. David Coronet und seine Leute bei Goliath Books, die von Charles Bergen die Vermarktung meines Buches übernommen hatten, halfen mir dabei. Ich hatte David um drei ruhige Monate im Kreise meiner Familie gebeten, bevor ich mich den Strapazen dieser Fünfzig-Tage-Tournee aussetzen wollte. So viel Zeit glaubte ich zu benötigen, um mich mental auf diese Anstrengungen vorzubereiten. Nachdem mehrere Versuche, meine Meinung zu ändern, gescheitert waren, stimmte er widerstrebend zu. Und von diesem Tag an hörte die tägliche Prozession der Reporter zum Leuchtturm auf.

David hatte mir mitgeteilt, daß ABC meinen Auftritt im Yankee-Stadion am 28. September übertragen würde. Meine Rede sollte nicht länger als dreiundzwanzig Minuten dauern, da eine Sondersendung von dreißig Minuten geplant war, die an diesem Dienstagabend um zehn Uhr dreißig im Osten ausgestrahlt würde. Eine Reihe von Rednern, die es sich zur Aufgabe gemacht haben, Menschen zu motivieren, hätten bereits zugesagt, vor meinem Auftritt zu sprechen, und als ich ihre Namen hörte, fragte ich mich, wie in aller Welt ich nach solchen Energiebündeln noch Eindruck machen sollte.

Unverzüglich begann ich meine ruhigen Vormittage der schwierigen Aufgabe zu widmen, den Inhalt meines Buches auf einen Vortrag von weniger als viertausend Worten zu komprimieren, ohne das, was mir wirklich wichtig war, ausser acht zu lassen. Wahrlich kein einfaches Unterfangen! Später sollte ich für diese mir aufgezwungene Übung im Kürzen dankbar sein, da die Notizen, die ich mir zur Ausarbeitung meiner Rede bei jedem Kapitel machte, zu einer großartigen Gedächtnisstütze wurden. Ich nahm sie mit auf meine Tour, wo ich sie jeden Morgen rekapitulierte, bevor ich mich in den einzelnen Städten den Leuten von Funk, Fernsehen und der Presse stellte.

Louise und Glenn, die sich offensichtlich heimlich abgesprochen hatten, taten alles in ihrer Macht Stehende, um meine Gedanken von dem näher rückenden 11. August, dem Tag, an dem die Tour beginnen sollte, abzulenken. Doch es war Todd, dem Ende April beim Frühstück unbeabsichtigt das perfekte Ablenkungsmanöver gelang. Die Testspiele sowie das Training der Baseball-Jugendliga sollten in weniger als drei Wochen beginnen, und obwohl ich mich entschieden hatte, aufgrund meines Terminplans, keine Mannschaft zu trainieren, machte es mir nach wie vor Spaß, meinem heranwachsenden Sportler, wann immer es mir möglich war, zuzuschauen. Zu meiner Freude ließ sich dieses Jahr noch besser an als das Jahr 1981, als er sechzehn Spiele in der Position des Mannes an der zweiten Basis spielte, nur zweimal nicht zur Stammformation gehörte, eine Trefferquote von 52,5 Prozente erzielte und vier lupenreine *Home runs* schlug.

»Dad«, sagte er, schob seine Schale mit den Frühstücksflocken zur Seite und wartete, bis ich ihm meine ungeteilte Aufmerksamkeit schenkte, »dieses Jahr möchte ich die Position des Werfers im Team einnehmen.«

»Todd, du bist in der Liga der beste Spieler an der zweiten Basis. Warum um Gottes willen möchtest du nun die Position wechseln?«

»Ich wollte schon immer der Werfer sein, Dad.«

»Wieso hast du mir das nie erzählt?«

»Weil ...«, er zögerte und schien die passenden Worte in der geöffneten rechten Handfläche zu suchen, »weil ich letztes Jahr in deiner Mannschaft gespielt habe und ich nicht wollte, daß die anderen Kinder denken, daß ... daß ...«

»Du wolltest nicht, daß ich dich werfen lasse, damit die anderen Kinder nicht denken, weil du mein Sohn bist und ich die Mannschaft trainiere, würdest du eine besondere Behandlung erfahren?«

Er nickte und schaute mich bittend mit seinen großen braunen Augen an. »Aber dieses Jahr trainierst du uns nicht, und deshalb möchte ich es versuchen. Wirst du mir dabei helfen?«

»Wenn ich das kann, bin ich natürlich dazu bereit. Was soll ich für dich tun?«

»Ich möchte dir jeden Nachmittag im Garten zuwerfen. Ich muß noch viel an meiner Wurftechnik arbeiten, und ich möchte, daß du mir beibringst, wie man die Flugbahn des Balls verändert.«

»Ist es dir wirklich ernst damit?«

»Ja, todernst.«

»Ich werde dir wirklich Feuer unterm Hintern machen. Das Training wird anstrengender sein als alles, was du bisher erlebt hast. Bist du bereit, dies auf dich zu nehmen?«

»Ich bin bereit, Dad. Ich weiß, daß im Leben nichts wirklich Erstrebenswertes einfach zu erreichen ist.«

Louise blieb der Toast beinahe im Hals stecken. »Wo hast du denn das gelernt, Todd?« stieß sie hervor.

»Ich lese Dads Buch, Mom.«

Noch am selben Tag fuhr ich, während Todd in der Schule war, zum größten Sportgeschäft in Concord und tätigte diverse Einkäufe. Als er nach Hause kam, hatte ich auf der Südseite unseres Leuchtturms eine erhöhte Fläche zum Werfen gebaut, vervollständigt durch die vorschriftsmäßige Hartgummiplatte. Und genau sechsundvierzig Fuß davon entfernt, entsprechend den offiziellen Regeln der Jugendliga, befand sich nun eine leuchtend weiße, fünfeckige Heimbase.

Wir begannen umgehend mit unseren Trainingsstunden. Die ersten Tage arbeiteten wir einzig und allein an Todds Wurftechnik, bis er lernte, seinen ganzen Körper und nicht nur seinen Arm zu benutzen, um die Wurfgeschwindigkeit zu erhöhen. Seine Technik verbesserte sich ständig, und nach einer Woche hatte ich ihn soweit, daß er fünfzig Würfe schaffte, während ich anzeigte, ob der Ball aus war oder im Ziel landete. Nach zehn Tagen begann er, die Wurfgeschwindigkeit zu variieren, indem er den Ball genau so hielt wie bisher, aber die Hand beim Loslassen des Balles schnell zurückzog, so daß der Ball nur noch zwei Drittel der Geschwindigkeit von vorher hatte. Wie die meisten Jungen in seinem Alter versuchte er auch die Flugbahn des Balles zu beeinflussen, aber ich überzeugte ihn schließlich, daß er wahrscheinlich gegen jeden Gegner, der versucht, die von ihm geworfenen Bälle wieder zurück ins Feld zu schlagen, gewinnen würde, solange er die Technik der schnellen Würfe beherrschte und ab und zu einen für den Gegner überraschenden langsamen Ball darunter-mischte.

Mein ehrgeiziger Sprößling wurde von Mal zu Mal besser, und mit wachsender Körperbeherrschung stieg auch sein Selbstvertrauen. Was noch wichtiger war, er hörte auf meine Anweisungen und arbeitete emsig daran, all das, was er meiner Meinung nach falsch machte, zu korrigieren. Vormittags arbeitete ich im Leuchtturm an meiner Rede, und am Nachmittag trainierten wir zusammen. Diese gemeinsame Zeit wurde für mich zum schönsten Teil des Tages: Ich war wieder zwölf Jahre alt und nahm teil an seinen Traumreisen in die glorreiche Welt des Baseballs; es waren dieselben unvergeßlichen Reisen, die ich früher mit meinem Vater unternommen hatte.

»Auf geht's, es gilt«, pflegte ich zu schreien, während ich mich mit meinem Fanghandschuh hinter die Heimbase stellte, »es ist das siebte und entscheidende Spiel des Finales der Weltserie. Du liegst eins zu null in Führung. Wir befinden uns in der zweiten Hälfte des neunten und damit letzten Spielabschnitts, zwei gegnerische Spieler sind bereits ausgeschieden, auf jeder der drei Ecken des Spielfeldes steht bereits ein gegnerischer Spieler, und du kommst direkt von der Aufwärmzone frisch ins Spiel, um gegen Reggie Jackson zu werfen.«

Mit zusammengebissenen Zähnen und gerunzelter Stirn starrte Todd wild entschlossen von der Abwurfstelle herunter und wartete auf mein Signal. Er zog seine blaue Los-Angeles-Dodger-Baseballkappe tiefer ins Gesicht, begann seine Ausholbewegung, verlagerte das Gewicht nach hinten, um dann mit aller Kraft zu werfen.

»Erster Ball im Ziel!«

»Zweiter Ball im Ziel!«

»Erster Ball daneben.«

Er schüttelte unglücklich über diesen Ausruf seinen Kopf, drehte mir den Rücken zu und starrte in sein imaginäres Außenfeld. Schließlich kam er zurück zur Abwurfstelle, blickte finster in meine Richtung, beugte sich nach unten, schwang beide Arme nach hinten über den Kopf und ... Bumm!

»Dritter Ball im Ziel!«

Dann warf ich meinen Handschuh hoch in die Luft, rannte zur Abwurfstelle, um den Finalhelden der Weltserie zu umarmen und zu beglückwünschen.

»Ich hab' dir doch gesagt, daß ich ein Werfer sein kann, Dad!« rief er aus, stürzte sich in meine Arme und gab mir einen Kuß – eine Szene, die man normalerweise im Anaheim- oder Dodger-Stadion nicht zu sehen bekommt. »Danke für deine Hilfe. Ich liebe dich!«

»Ich liebe dich auch, und ich bin sehr stolz auf dich. Ich denke, du schaffst es.«

»Ich will für dich dieses Jahr so werfen, daß meine Gegner während eines ganzen Spiels keinen Ball treffen werden. Warte einfach ab.«

Ich bin überzeugt, daß wir unseren Kindern kein größeres Vermächtnis hinterlassen können als glückliche Erinnerungen. Diese kostbaren Augenblicke ähneln den Kieseln, die am Strand aus dem weißen Sand aufgelesen und in kleine Schachteln gelegt werden, wo sie dann unberührt ganz oben auf Regalen ruhen, bis sie eines Tages heruntergeholt und ausgeschüttet werden und in dem Kind, das nun ein Erwachsener ist, schöne, wehmütige Erinnerungen wachrufen. Würde Todd sich an unsere besonderen gemeinsamen Nachmittage erinnern, wenn in vielleicht zwanzig Jahren an einem Frühlingstag sein eigener kleiner Sohn ihm zum ersten Mal einen Baseball zuwerfen wird? Erinnerungen sind das beste Mittel, Liebe zu bewahren.

Während wir beide uns verausgabten, kam des öfteren Louise aus dem Haus, um ihren beiden Sportlern Beifall zu spenden. Eines Nachmittags, nachdem wir unser Training beendet hatten und Todd auf seinem Fahrrad mit Handschuh und Schläger auf der Suche nach weiterer Betätigung davongefahren war, machten wir beide es uns auf einer Bank im länger werdenden Schatten des Leuchtturms bequem.

»Du bist ganz schön außer Atem, Trainer«, neckte sie mich.

»Das ginge dir ebenso, wenn du fünfzigmal in die Hocke gegangen wärst, um nicht von einem kleinen harten Gegenstand getroffen zu werden, der mit über fünfzig Meilen in der Stunde auf deinen Kopf zurast.«

Sie lachte und legte ihre Wange an meine naßgeschwitzte Schulter. Louise und ich fühlten uns noch enger miteinander verbunden – falls dies überhaupt möglich war –, seit der Tag des Aufbruchs zu meiner Tour näher rückte. Nach einigen Minuten des Schweigens stellte sie mir dann folgende Frage: »Mark, wer ist Alexander Anthony? Ich meine, diesen Namen kennen zu müssen, aber ich komme nicht dahinter, in welchem Zusammenhang.«

»Wieso interessierst du dich für Anthony?«

»Du sagst mir zuerst, wer er ist, und dann sage ich dir, warum ich das wissen will.«

»Also gut: Alexander Anthony war Kriegsberichterstatter während des Zweiten Weltkrieges. Nach dem Krieg schrieb er einen sensationellen Bestseller mit dem Titel *How to Conquer Life*, der zu einem Klassiker der Selbsthilfeliteratur wurde. Sollte ich je gefragt werden, welches das beste Selbsthilfebuch sei, das je geschrieben wurde, würde ich seines nennen. Er hat nie mehr ein anderes Buch geschrieben.«

Louise faßte sich an die Stirn. »Wie dumm ich bin. Natürlich, du hast ihn doch oft in deinen Firmenreden erwähnt, und in deinem Buch widmest du einen Abschnitt seinen Erfolgsstrategien.«

»Richtig. Anthony ist auch von einem Geheimnis umgeben. Nach all dem Ruhm, den ihm sein Buch gebracht hat – er war mehrere Jahre lang der gefeierte Star zweier Kontinente –, zog er sich vollständig zurück, und man hörte nie wieder etwas von ihm. Über sein sonderbares Verschwinden wurde viel in den Zeitungen geschrieben; er war sozusagen der berühmteste Vermißte seit Amelia Earhart, bis ihn die Öffentlichkeit irgendwann vergessen hat. Wenn er noch leben sollte, wäre er heute weit über siebzig ...«

»Ich glaube, er lebt noch, Mark«, sagte Louise stockend und reichte mir eine Postkarte. »Das kam heute mit der Post.«

Die winzige Handschrift war zittrig, aber lesbar. Der Verfasser der Zeilen schrieb, er bewundere mein Buch und freue sich über die netten Worte, die ich über ihn geschrieben habe. Er hätte gern, daß ich ihn besuche, er lebe nur zwanzig Meilen entfernt in Stoddard. Ich könne kommen, wann es mir passe, da er immer zu Hause sei. Anschließend folgten einige Hinweise, wie ich ihn finden könne. Die Karte trug die Unterschrift Alexander Anthony.

Ich strich mit meinen Fingern sachte über die Unterschrift. »Ich kann das nicht glauben, Louise. Es ist, wie wenn ich eine Nachricht aus dem Jenseits erhalten hätte. Dieser eine Mensch in der Welt, mit dem ich mich am liebsten unterhalten möchte und von dem ich am meisten lernen könnte – und den ich seit Jahren für tot gehalten habe –, hat mich gerade zu sich nach Hause eingeladen. Warum mich? Und wo ist er all diese Jahre gewesen? Das Buch dieses Mannes hat das Leben von Millionen Menschen verändert und tut es immer noch. Aber vielleicht ist das alles nur ein Scherz, ein weiterer Verrückter, der sein Spielchen mit uns treibt.«

»Ich glaube nicht, Mark. Ich habe das Gefühl, daß die Karte echt ist. Und wegen deines Buches vermutet er offensichtlich, einen Gleichgesinnten gefunden zu haben, dem er vertrauen kann. Ob es dir nun paßt oder nicht, du bist zu einem Magnet geworden, von dem sich alle möglichen Menschen angezogen fühlen, weil du sie mit deinen Worten tief beeindruckt hast. Du kannst dich nicht vor ihnen verstecken, und du kannst auch nicht vor ihnen davonlaufen. Und ich befürchte, daß du dich eines nicht mehr fernen Tages auch mit A. B. Salom auseinandersetzen mußt, wer immer das ist. Doch jetzt erst einmal zu Alexander Anthony. Er klingt wie ein einsamer Mann, der dich braucht. Wenn sein Buch und seine Worte dir so viel bedeutet haben, hast du keine andere Wahl. Wann wirst du ihn besuchen?«

»Eine vergebliche Mühe, sicherlich.«

Sie starrte mich wortlos an.

»Morgen«, versprach ich.

XVI

Die Wegbeschreibung auf der Postkarte war hervorragend. Auf Anhieb fand ich bei meiner ersten Fahrt durch das winzige Dorf Stoddard, entlang der Fernstraße 123, die schmale unbefestigte Straße mit dem malerischen Namen Birch Point Lane. Genau eine halbe Meile rumpelte ich über die zerfurchte Erde, bis sich rechter Hand eine Lücke in dem Dickicht hoher Heidelbeerbüsche, die den Weg säumten, auftat. Ich bog ab und folgte von Tannennadeln fast gänzlich verdeckten Reifenspuren. Sie führten mich hinunter zu einem verwitterten Holzhaus, nur wenige Meter vom Ufer eines ruhigen kleinen Gewässers mit Namen Island Pond entfernt.

Nahe der offenen, dem Wasser zugewandten Veranda stützte sich ein großer, hagerer Mann – Abraham Lincoln ähnlich sehend – zwischen zwei Stößen aufgeschichteter Holzscheite auf seine Axt und starrte gebannt auf meinen neu erworbenen Jeep Wagoneer, der sich ihm näherte. Dann öffnete sich sein Mund vor Staunen, und die Axt glitt ihm aus der Hand, als er, so schnell er konnte, auf mein Auto zuhumpelte, während er gleichzeitig seine Hände an den ausgebleichten Jeans und dem karierten Flanellhemd abrieb.

Er erreichte das Auto, als ich gerade die Tür zuschlug. Seine beiden Arme streckten sich mir entgegen, und mit der einnehmendsten Baßstimme, die ich je gehört hatte, rief er: »Sie können niemand anderer sein als der berühmte Mark Christopher! Ich heiße Sie an meinem bescheidenen Zufluchtsort willkommen.«

Ich hatte geglaubt, mich während der Fahrt von Jaffrey mental auf die mehr als vage Möglichkeit, Alexander Anthony in Person anzutreffen, vorbereitet zu haben, doch nun, als er tatsächlich meine Hand schüttelte, benötigte ich mehrere Minuten, bis ich mich wieder gefaßt hatte.

»Sir«, stotterte ich schließlich, »ich kann Ihnen nicht sagen, was für eine Ehre dies für mich ist … und auch was für eine Überraschung. Ich wähnte Sie nicht mehr unter den Lebenden.«

Seine vollen Lippen, die man hinter seinem weißen Bart nur undeutlich sehen konnte, verzogen sich zu einem leichten Lächeln. »Es gibt viele Arten zu sterben, Mr. Christopher, viele verschiedene Arten. Ist es Ihnen recht, wenn wir hineingehen, um ein wenig miteinander zu plaudern?«

Ich bin mir sicher, daß manche Holzfällerlager in der Allagash-Wildnis von Maine mehr Komfort bieten. Der alte Mann führte mich durch seine kleine Küche mit dem abgetretenen Linoleumboden, dem alten schwarzen Franklin-Holzofen, dem runden Tisch mit dem verblichenen Wachstuch, den zwei hellgrünen Stühlen, von denen die Farbe abblätterte, und der Specksteinspüle voller Geschirr. Die Wände seines sogenannten Wohnzimmers waren mit rohen Holzbrettern verkleidet, ein verschlissener Flickenteppich bedeckte einen Teil des knarrenden Dielenfußbodens, ein altersschwacher Couchtisch schien sichtlich Mühe zu haben, unter einem Stapel von Zeitungen und Magazinen nicht zusammenzubrechen. Rund um den Tisch standen zwei mit allem möglichen vollbepackte Sessel sowie ein Sofa, dessen Armlehnen bis zum Holzrahmen durchgewetzt waren. An einer Wand befand sich ein riesiger offener Kamin aus unbehauenen Steinen, der in der schäbigen Umgebung wie ein Fremdkörper wirkte. Und überall gab es Bücher – Bücher, die, zu ungeordneten Stapeln aufgetürmt, manchmal fast bis hinauf zur Zimmerdecke aus unbehandelten Schieferplatten reichten.

Ich nippte an dem Glas kalten Apfelsaftes, das er aus der Küche geholt hatte, und suchte verzweifelt nach den passenden Worten, um die Verlegenheit zu verbergen, die ich angesichts der trostlosen Umgebung meines langjährigen Idols verspürte. Doch mein Bemühen erwies sich als unnötig. Alexander Anthony, der mir gegenüber auf der Kante des Sofas Platz genommen hatte, machte keinerlei Anstalten, sich für den Zustand seiner Behausung zu entschuldigen. Statt dessen hob er artig sein Glas, stieß mit mir an und erklärte voller Begeisterung: »Ich verbeuge mich vor dem Verfasser dieses ausgezeichneten Buches. Sie können sehr stolz darauf sein.«

»Das bin ich auch, Sir. Dabei verdanke ich so vieles Ihnen. Ihr großartiges Buch hat mich durch schwierige und gute Jahre geleitet. Wie mich die Erfahrung gerade lehrt, kann es ebenso kompliziert sein, mit den guten zurechtzukommen wie mit den schlechten. Ich weiß nicht, wie mein Leben heute aussehen würde, wenn ich nicht Ihre Lebensprinzipien befolgt hätte. Sie haben mir gezeigt, wie ich mit meiner Umgebung umgehen, und noch wichtiger, wie ich mit mir selbst umgehen soll.«

Der alte Mann senkte seinen Kopf. »Sie sind sehr liebenswürdig. Selbst nach all diesen Jahren tut es gut, wieder solche Worte zu hören. Eitelkeit ist eine fast unheilbare Krankheit, befürchte ich. Doch Mark – ich darf Sie doch Mark nennen? – in den vielen Jahren, in denen ich über meine einzige literarische Leistung nachgedacht habe, bin ich zu dem Schluß gekommen, daß Bücher wie unsere, Bücher über das erfolgreiche Meistern des Lebens, wenn Sie so wollen, nicht all das Aufheben, das um sie gemacht wird, verdienen. Sie sind Modeerscheinungen und haben wenig bis gar keine dauerhafte Auswirkung auf die Menschheit. Unsere Bücher, die Zuversicht und Ermutigung vermitteln, scheinen kaum mehr zu sein als Aspirintabletten für Kopfschmerzen, die nie verschwinden.«

»Bei allem Respekt, Sir, ich kann Ihre Meinung nicht teilen. Im letzten Jahr habe ich Tausende von Briefen erhalten …«

Er zuckte zusammen. »O ja, diese Briefe. Ich erinnere mich an sie. Vergeben Sie mir, mein Sohn, aber ich befürchte, daß Sie die meisten Ihrer Leser für vielleicht einen Tag, eine Woche oder einen Monat beeindruckt haben. Sie schreiben Ihnen dann auf dem Höhepunkt ihrer Begeisterung, wenn Ihre eindrucksvoll formulierten Gedanken noch frisch in ihrem Gedächtnis sind. Für kurze Zeit haben Sie sie überzeugt, daß sie besser sein können, als sie sind. Aber ihre wiedererweckten Hoffnungen werden häufig beim nächsten Mißerfolg begraben, und ihnen wird bald klar, daß sie nicht dazu geschaffen sind, Rennpferde zu sein, sondern, um zu überleben, als Arbeitspferde vor einem Pflug rackern müssen.«

Ich wollte ihm antworten, aber er hob abwehrend seine Hand. »Mark, am Ende landen alle Bücher wie die unseren auf einem Bücherbord, verstauben und geraten in Vergessenheit, während ihre einst begeisterten Leser weiter ›ein Leben in stiller Verzweiflung‹ führen, wie Thoreau das so treffend gesagt hat. Sie geben sich selbst auf. Sie bemühen sich nicht mehr. Und warum sollten wir mehr vom weitaus größten Teil der Menschheit erwarten? Letztendlich gibt es das größte Lehrbuch aller Zeiten, in der einen oder anderen Form, seit Tausenden von Jahren, und wir benehmen uns trotzdem mehr wie Tiere als Engel.«

Er zeigte auf die Zeitungen auf dem Couchtisch. »Selbst in diesem Moment, während wir miteinander reden, töten Menschen einander in Afghanistan, Nordirland, Kambodscha, Namibia, Guatemala, El Salvador, Äthiopien, im Iran, Irak, Tschad und Libanon – ganz zu schweigen von all den anderen schrecklichen Verbrechen, die jeden Tag in allen Städten dieser Welt begangen werden. Wir bestehlen einander. Wir betrügen einander. Wir mißhandeln einander. Wir stoßen einander zur Seite auf unserer Jagd nach Macht, Reichtum und Ruhm. Was nutzt es, wenn überzeugte Menschen wie Sie und ich eine lange Liste von

Regeln veröffentlichen, von denen wir wissen, daß sie wirksam sind, daß sie Menschen zu einem besseren Leben verhelfen, wenn diese nicht einmal zehn einfache Gebote befolgen können? Wir entzünden Kerzen in der Dunkelheit, ziehen damit aber nur Motten an. Weshalb also sollen wir uns bemühen? Warum sollen wir den Versuch machen, die Menschheit zu retten, wenn sie es vielleicht gar nicht wert ist, gerettet zu werden?«

Ich konnte das, was ich da hörte, nicht glauben. Hätte Dale Carnegie mir den Rat gegeben, meine Mitmenschen zu beleidigen, oder Norman Vincent Peale mir ein Loblied des negativen Denkens gesungen – der Schock wäre nicht größer gewesen. Was war mit meinem Idol geschehen? Hatten die vielen Jahre, in denen er sich vor der Welt versteckt hielt, seine Gedanken vergiftet, oder wollte er mich mit seiner harschen Kritik an der Menschheit nur testen, sozusagen den Advocatus Diaboli spielen, um durch meine Reaktion herauszufinden, ob ich ein ehrlicher Mensch oder ein Heuchler war? Was auch immer, ich mußte ihm antworten – mir selbst zuliebe. Denn mir war klar, daß ich mich in wenigen Wochen, auf meiner Publicity Tour, gegen ähnliche Argumente verteidigen mußte. Ich war Freiwild, das gejagt werden würde, und die Tatsache, so lange ganz oben auf der Bestsellerliste zu stehen, machte mich zur perfekten Zielscheibe jedes Talk-Show-Moderators mit einem Hang, seine Gäste aufs Kreuz zu legen.

Ich leerte mein Glas Apfelsaft, bevor ich zu reden begann. »Alex, ich weiß nicht, ob die Menschheit es wert ist, gerettet zu werden. Glücklicherweise habe nicht ich dies zu entscheiden. Aber ich weiß, daß es viele Menschen gibt, die es wert sind, gerettet zu werden. Für jeden Mörder, auf den Sie hinweisen, finde ich mindestens einen Menschen, der sein Leben hergab, um ein anderes, oft das eines Unbekannten, zu retten. Für jeden Dieb, den Sie mir nennen, zeige ich Ihnen Hunderte redlicher Menschen, die keine Brotscheibe stehlen könnten, selbst wenn ihnen die Mägen knurren. Jeder Mensch hat in seinem Inneren etwas ganz Besonderes. Wir haben es nie gesehen und nie berührt, wir sind nicht einmal fähig, es zu lokalisieren. Doch es ist da – und ich bin überzeugt, daß es uns von Gott gegeben wurde. Wir haben diesem besonderen Etwas in unserem Inneren im Laufe der Zeit viele Namen gegeben – Seele, Geist, Licht, Flamme. Doch wie wir es nennen, ist nicht wichtig, solange wir wissen, daß wir es haben – dieses besondere Geschenk Gottes. Bedauerlicherweise wird diese geheimnisvolle Kraft, welchen Namen wir ihr auch geben, von den meisten Menschen nicht genutzt, und zwar gewöhnlich nicht durch ihr eigenes Verschulden. Die Welt da draußen ist verdammt brutal, und viele Menschen kommen mit ihr nicht zurecht, besonders wenn sie immer und immer wieder Nackenschläge einstecken mußten. Wie oft kann jemand Schiffbruch erleiden, bevor er sich entschließt, nie wieder einen Versuch zu wagen? Wie oft muß ein Kind hören, es würde es in dieser Welt nie zu etwas bringen, bevor es dieses Urteil – gewöhnlich von einem Elternteil oder einem Lehrer ausgesprochen – akzeptiert und den Rest seines Lebens damit verbringt, die Prophezeiung seines Mißerfolges zu erfüllen? Und doch ist dieses spezielle, unsichtbare Etwas in unserem Inneren – das, was uns nie die Hoffnung verlieren läßt, solange noch ein Hauch von Leben in uns ist. Die wichtigste Funktion eines Buches wie Ihres und meines besteht darin, der zunehmenden Hoffnungslosigkeit entgegenzuwirken. Wir öffnen die Gefängniszellen zahlloser Menschen, die sich mit einem Leben abfinden, das kein Leben ist. Sie haben recht, Alex, wir können sie nicht alle retten, aber selbst der größte Lehrer, der je auf dieser Erde wandelte, konnte dies nicht, weshalb also sollten wir über eine geringere Wirkung enttäuscht sein? Wir können es nur versuchen. Es lohnt sich, auch nur einen Menschen von seiner Qual des Versagens zu erlösen und ihm zu helfen, sein Potential zu nutzen.«

Die Fältchen rund um die hellblauen Augen des alten Mannes schienen sich zu glätten, und er nickte fast unmerklich mit dem Kopf. »Ich danke Ihnen. Ich habe mir gewünscht, daß Sie so sprechen«, murmelte er. »Sie sind ein guter Mensch, und ich bitte Sie, mir zu verzeihen, daß ich Ihre ehrliche Meinung aus Ihnen herausgekitzelt habe. Falls es Sie interessiert, ich denke genauso wie Sie. Männer und Frauen haben möglicherweise ihre Wurzeln im Boden, und oft sind diese Wurzeln verkümmert und verwüstet, doch alle Menschen haben die Fähigkeit, sich nach oben zu strecken und mit ihren Händen Gottes Regenbogen zu berühren. Sie, mein Freund, und auch ich haben nur versucht, ihnen zu zeigen, wie das geht. Tun müssen sie es selbst.«

In den folgenden Stunden sprachen wir über alles mögliche – Liebe, Hoffnung, Versagen, Tod, Erfolg, Kinder, Wünsche, Autoren, ja sogar Politik. Erst gegen Abend, als die Strahlen der untergehenden Sonne, die sich im friedlichen Weiher spiegelten, von der Zimmerdecke zurückgeworfen wurden, brachte ich endlich den Mut auf, ihm die Frage zu stellen, die seit dem ersten Moment unseres Zusammentreffens unausgesprochen in der Luft lag.

»Mr. Anthony … Alex … was ist mit Ihnen passiert? Sie hatten alles: Ruhm, Geld, Bewunderung, Erfolg. Die Welt lag Ihnen zu Füßen. Sie waren ein leuchtender Hoffnungsträger in einer Welt, die nach dem schrecklichsten Krieg in der Geschichte ihre Wunden leckte. Und dann sind Sie ganz plötzlich vom Erdboden verschwunden. Warum? Warum haben Sie alles weggeworfen, als Sie dort angekommen waren, wovon fast jeder träumt, nämlich ganz oben auf dem Gipfel?«

Er seufzte und zupfte nervös an seinen langen, schwieligen Fingern. »Das sind schwierige Fragen, Mark, und die Antworten darauf sind noch schwieriger. Aber schließlich – habe ich Sie hierher eingeladen oder nicht?«

»Es tut mir leid, Sir. Sie müssen nicht darüber sprechen. Aber ich mußte diese Frage stellen, weil ich mich Ihnen so viele Jahre eng verbunden gefühlt habe.«

»Nein, nein – Sie waren so nett, meine Einladung anzunehmen. Deshalb glaube ich, Ihnen eine Auskunft schuldig zu sein, obgleich ich in den vergangenen fünfunddreißig Jahren mit niemandem darüber gesprochen habe.«

Er starrte auf die verblassenden Sonnenstrahlen, atmete tief durch und begann dann zu sprechen: »Ich habe nicht alles weggeworfen, Mark, es ist mir durch meine eigene Dummheit unter den Händen zerronnen. Ich konnte allen anderen sagen, was man tun mußte, um sein Leben erfolgreich zu meistern, nur ich selbst konnte mit meinem eigenen Erfolg nicht umgehen.«

»Was ist geschehen?«

»Marge und ich hatten 1934 während der Depression geheiratet. Ich war zu dieser Zeit ein noch unerfahrener junger Reporter bei Associated Press. Ein Jahr später schenkte uns Gott einen wundervollen Sohn, und Marge bestand trotz meines Protestes darauf, ihn Alexander zu nennen. Wir lebten in Syracuse, als der Krieg ausbrach. Ich war dann fast drei Jahre weg von zu Hause, während ich von nahezu allen größeren Kriegsschauplätzen Europas Reportagen lieferte. Danach kehrte ich zurück zu einer tapferen, bewundernswerten Frau, die alles in Ordnung gehalten hatte, und zu einem Zehnjährigen, der mir fast vollkommen fremd geworden war. Aber dieser Zustand währte nicht lange. Baseball hat uns wieder zusammengebracht. Die Jugendliga wurde zu dieser Zeit gegründet, und Alex spielte in einem der neu zusammengestellten Teams den Werfer. Wir trainierten fast jeden Tag, an dem ich zu Hause war, seine Wurfgenauigkeit.«

Ich konnte mir ein Lächeln nicht verkneifen. »Das klingt sehr vertraut. Todd, mein Jüngster, und ich machen gerade jeden Nachmittag dasselbe.«

»Das war die schönste Zeit meines Lebens, Mark.«

»So empfinde ich das auch.«

»Ich schrieb mein Buch an den Abenden und Wochenenden. Ausgangsbasis waren die Zeugnisse von unglaublichem Mut und Überlebenswillen, die ich bei so vielen tapferen Männern im Kampfgeschehen erlebt habe. Der erste Verlag, dem ich das Buch anbot, brachte es heraus, und es wurde sofort ein Bestseller. Mein Leben hat sich dadurch vollkommen verändert. Obwohl dies zu einer Zeit geschah, in der nicht wie heute mit Radio- und Fernsehinterviews Werbung für ein Buch gemacht wurde, wurde ich über Nacht zu einer Berühmtheit. Ich reiste sogar auf Kosten des Verlegers in einem privaten Eisenbahnwagen durchs Land, trat in Lichtspielhäusern auf, signierte mein Buch in namhaften Geschäften, die noch nie einen solchen Andrang gesehen hatten, und gab Radio- und Zeitungsreportern Interviews. Ich liebte das alles, am meisten aber gefiel mir die Bewunderung der Massen. Viele faßten nach dem Signieren meine Hand und küßten sie; liebenswerte, einfache Leute dankten mir immer und immer wieder mit Tränen in den Augen dafür, ihrem Leben eine Wendung gegeben zu haben. Es war einfach zu viel für einen schlichten Jungen vom Lande, auch wenn er ein gutes Stück dieser verrückten Welt gesehen hatte. Und dann die Frauen! Du liebe Güte! Ich habe lange gegen diese Versuchung angekämpft, aber während der ausgiebigen Reisen, weit weg von zu Hause, ließ meine Widerstandskraft immer mehr nach, und irgendwann bin ich der Versuchung dann erlegen. Sie waren alle so reizend und so versessen darauf, sich mit einem berühmten Autor einzulassen. Nach einer gewissen Zeit gelang es mir, meine Frau und meinen Sohn vollkommen aus meinen Gedanken zu streichen, wobei mir der Alkohol geholfen hat. Ich habe sogar Haschisch und Marihuana geraucht, lange bevor es in Mode kam. Spaß und Vergnügen, das war mein Leben … und weil mir alle eingeredet hatten, daß ich der Größte sei, glaubte ich, mit all dem umgehen zu können. Doch eines Tages kam meine Frau überraschend nach San Francisco, um mit mir unseren Hochzeitstag zu feiern. Sie fand mich im Fairmont Hotel im Bett mit einer jungen Filmschauspielerin, die später ein ziemlich berühmter Filmstar wurde. Marge reichte die Scheidung ein, ohne es an die große Glocke zu hängen, und bekam natürlich das Sorgerecht für Alex zugesprochen.«

»Stand davon jemals etwas in der Presse?«

»Nein, mein Verleger hat viel für ihr Stillschweigen bezahlt, wobei er sicherlich nur seine Interessen im Auge hatte. In der damaligen Zeit hätte eine Scheidung aus moralischen Gründen den weiteren Verkauf des Buches verhindert. Aber ich benötigte keinen Skandal, um das, was ich erreicht hatte, zunichte zu machen. Meine Selbstzerstörung war unaufhaltsam. Ich wurde mit der Scheidung nicht fertig; ich konnte mich nicht damit abfinden, Marge und Alex zu verlieren, dabei wußte ich insgeheim, daß ich es nach dem Verrat an ihrer Liebe und ihrem Vertrauen nicht verdiente, Teil ihres Lebens zu sein. Von da an ging es stetig bergab mit mir. Ich verbrachte viele Nächte in Ausnüchterungszellen und riskierte mein Leben bei Raufereien in Kneipen. Nach und nach verabschiedete ich mich aus der Welt, die es so gut mit mir gemeint hatte. Ich habe nie mehr auch nur einen Satz veröffentlicht. Wie hätte ich das nach dem, was geschehen war, auch machen sollen, wenn ich ehrlich mit mir selbst sein wollte? Der Mann, der das Buch ›Wie bewältige ich das Leben‹ geschrieben hatte, hatte sich selbst vom Leben überwältigen lassen. Er ist von hoch oben nach tief unten gefallen. Von dieser Zeit an hat er auf seine Weise Buße getan. Wie Sie sehen, ist Alexander Anthony nicht einfach verschwunden, und er hat sich auch nicht in Luft aufgelöst. Er ertrank in Alkohol, Schande und Selbstmitleid.«

Ich nahm seine zitternden Hände in die meinen. »Weiß hier irgend jemand, wer Sie wirklich sind?«

Er schüttelte den Kopf und sah dabei mehr wie ein kleiner unglücklicher Junge aus als wie ein gebrochener alter Mann.

»Weiß irgend jemand, der eine wichtige Rolle in Ihrem Leben gespielt hat, daß Sie gesund und munter sind? Ihr Verleger zum Beispiel?«

»Nein.«

»Er schuldet Ihnen ein Vermögen an Tantiemen, denn Ihr Buch verkauft sich immer noch gut.«

»Ich könnte das Geld nicht annehmen. Ich verdiene es nicht.«

»Und dieses Haus? Gehört es Ihnen?«

»Ja. Ich habe es vor Jahren billig erworben.«

»Im Winter muß es hier eisig kalt sein. Das Haus ist so gut wie nicht isoliert.«

»Ja, ein bißchen ungemütlich ist es schon, aber ich überstehe es.«

»Und von was leben Sie, da Sie höchstwahrscheinlich auch keine Sozialhilfe beziehen?«

»Von Gelegenheitsarbeiten.«

»Alex, haben Sie Ihre Frau und Ihren Sohn nie wiedergesehen?«

»Nie. Wie ich gehört habe, hat sich Marge wieder verheiratet.«

»Und Ihr Sohn?«

Er senkte seinen Blick. »Alex ist Anfang 1953 in Korea gefallen.«

Er stand auf, humpelte zur offenen Feuerstelle, nahm einen Gegenstand vom mächtigen Kaminsims, kam zurück und überreichte ihn mir. »Das ist alles, was ich von meinem Sohn besitze. Es ist mein kostbarster Besitz, kostbarer als mein Leben.«

Ich hielt einen Baseball in meiner Hand, einen Jugendliga-Baseball, auf dem mit Tinte die Worte ›Für Dad, in LIEBE Alex‹ gekritzelt waren. Das Wort LIEBE, in Großbuchstaben geschrieben, bedeckte fast eine ganze Seite des genähten weißen Lederballs.

»Das ist der Ball, den er mir nach seinem ersten Sieg als Werfer geschenkt hat. Dabei sagte er, er gehöre mir, weil ich so viel mit ihm trainiert habe. Ich habe mir das Spiel angeschaut und erinnere mich an seinen Verlauf, als ob es gestern gewesen wäre. Unser Team gewann acht zu eins, und Alex hat nur drei Treffer zugelassen. Dieser Baseball blieb immer in meinem Koffer, als es mit mir bergab gegangen ist, sonst ist mir nichts geblieben ...«

Die Schatten der Bäume lösten sich im blauen Abenddämmerlicht auf, und ein feiner Dunst breitete sich über dem Weiher aus, als der alte Mann langsam mit mir zum Auto ging. Plötzlich hielt er inne, berührte leicht meinen Arm und fragte: »Mark, kennen Sie die Agaven, die im Südwesten wachsen?«

»Ja sicher, wir haben viele davon gesehen, als wir im Januar in Arizona waren. Wunderschöne Pflanzen mit lanzettförmigen, gezähnten, blauen Blättern, die alle aus einer kleinen Rosette herauswachsen.«

»Genau. Man nennt sie auch ›Jahrhundertpflanze‹, weil sie mehr als hundert Jahre alt werden kann, aber das geschieht eher selten. Sie wächst zehn, zwanzig oder vielleicht sogar fünfzig Jahre ziemlich langsam, bis sich dann eines Tages, ohne vorheriges Anzeichen, ein dicker Stengel aus der Mitte heraus entwickelt, der in weniger als einem Monat bis zu acht Meter hoch werden kann. Am Ende des Stengels brechen dann Hunderte von winzigen gelben Blütendolden hervor, die ungefähr eine Woche hoch über allem blühen, was sonst noch in der Wüste lebt.«

Es war fast dunkel, aber ich fühlte, wie der alte Mann mich anstarrte. Der Griff seiner Finger um meinen Arm wurde fester. »Wissen Sie, wie es weitergeht, Mark?«

»Nein, ich weiß es nicht.«

»Die Blüten werden vom Wind weggeblasen, der hohe Stengel vertrocknet schnell und fällt dann krachend auf den Boden. Nach ihrer kurzen Pracht und Herrlichkeit schrumpft die Agave zusammen und stirbt. Ist dies nicht eine traurige, aber zutreffende Metapher für viele, die großen Erfolg haben: Filmstars, Schriftsteller, Sportler, ja sogar Politiker – Menschen, die fast über Nacht berühmt werden und genauso schnell wieder abstürzen. Ich war eine Agave, Mark, und ich habe nun mehr als mein halbes Leben mir einzureden versucht, daß – wie bei der wirklichen Pflanze – mein Schicksal nicht in meiner Hand lag.«

Meine Heimfahrt erschien mir endlos. Zwei Fragen gingen mir im Kopf herum: Warum hatte er mich gebeten, ihn zu besuchen, und warum hatte er mir von der Agave erzählt?

In dieser Nacht schlief ich nur sehr wenig.

XVII

Am 10. August frühmorgens, nach einer schläfrigen Fahrt von Jaffrey nach Boston, trennte ich mich von meiner Familie am Logan Airport. Nach vielen Umarmungen und Küssen, bei denen auch einige Tränen flossen, rückten die drei enger zusammen, als ich meinen Aktenkoffer und meine Reisetasche nahm und die Gangway betrat, die zum Eingang des Flugzeuges führte. Weil ich glaubte, Louise hätte meinen Namen gerufen, hielt ich inne und sah zurück. Todd und Glenn hatten beide einen Arm um ihre Mutter gelegt, und alle drei winkten und riefen: »Hals- und Beinbruch, Hals- und Beinbruch!« Ich war nahe daran, die Tour auf der Stelle abzusagen.

Die Werbeabteilung von Goliath Books hatte meine Rundreise mit der Präzision eines Weltraumfluges geplant. Auf meinem Flug nach Seattle, meinem ersten geplanten Auf-enthalt, überprüfte ich noch einmal den Inhalt des umfangreichen Umschlags, den sie mir geschickte hatten. Er enthielt nicht nur sechsundzwanzig Flugtickets, sondern auch meinen Terminplan für jeden der achtundvierzig Tage, einschließlich New York. Die Promotion-Tour, die an der Westküste begann und dann in Richtung Osten weiter verlief, war so geplant worden, daß möglichst nie auf demselben Weg zurückgegangen werden mußte. Nach Seattle stand als nächste Stadt Portland auf dem Programm, danach San Francisco, Los Angeles und San Diego, dann ging es quer hinüber nach Phoenix, nordwärts nach Salt Lake City, ostwärts nach Denver, südwärts nach Albuquerque und danach hinunter nach Dallas, Fort Worth und Houston, anschließend durch das ganze Land zu sechzehn weiteren Städten, bis ich am 27. und 28. in New York City die Tour beendet hatte. In allen Städten traf ich auf Interviewer, die ihr Handwerk verstanden. Meistens waren sie liebenswürdig und einfühlsam. Sie stellten mir Fragen über das Leben und das Erfolgreichsein und wie man in einer Welt, die so sehr auf die materiellen Dinge ausgerichtet ist, zurechtkommen kann. Es gab auch einige wenige Interviewer, die es darauf abgesehen hatten, mich als Dummkopf hinzustellen – einen wohlhabenden Dummkopf, wie sie nicht vergaßen hinzuzufügen – oder als einen Gauner, der ein Buch geschrieben hat, nicht um der Menschheit zu helfen, sondern um eine Menge Geld zu verdienen. Ich versuchte, während ich mich zur Zurückhaltung zwang, ihnen Paroli zu bieten, wobei ich bald entdeckte, daß dies unnötig war, besonders in Programmen, in denen sich die Zuhörer per Telefon zuschalten konnten. Wann immer ich von den Moderatoren dieser Sendungen angegriffen wurde, erhob sich mein unsichtbares, jedoch lautstarkes Publikum zu meiner Verteidigung und brachte meinen unhöflichen Fragesteller zum Schweigen. Doch am stärksten beeindruckten mich die Gesichter der Menschen während meiner Signierstunden, Gesichter, die die Hoffnung und Entschlossenheit verrieten, das Leben zu meistern, Gesichter, die meine Hände mit Verehrung und Scheu betrachteten, während ich ihre Exemplare von *Eine bessere Art zu leben* für sie oder einen ihrer Lieben signierte.

Während der ersten zwei Wochen verlor ich zwölf Pfund an Gewicht. Die Tage erschienen lang und länger in dem Maße, in dem meine Kräfte nachließen, doch der tägliche Telefonanruf bei Louise und den Jungen gab mir Kraft. Wann immer ich nach meinem letzten Auftritt in meinem Hotelzimmer eintraf, nahm ich Kontakt mit meiner Familie auf.

Eines Abends, in St. Louis – die Tour war so zur Hälfte vorüber –, rief ich zu Hause an. Als Louise sich meldete, entnahm ich ihrer Stimme ein bißchen mehr als die übliche Freude über meinen Anruf. »Mark, Todd muß dir eine große Neuigkeit erzählen; er zappelt schon den ganzen Abend herum in Erwartung deines Anrufs. Warte, er soll es dir selber sagen.«

»Dad?«

»Ja, mein Sohn.«

»Erinnerst du dich an das, was ich dir vor ein paar Monaten gesagt habe, als du mir im Garten beim Training beigebracht hast, wie man den Ball wirft?«

Mein müder Geist streikte. »Ach, Todd, wir haben über so vieles geredet. Hilf mir ein wenig auf die Sprünge.«

»Erinnerst du dich, daß ich dir gesagt habe, ich würde für dich dieses Jahr einmal so werfen, daß meine Gegner während eines ganzen Spiels keinen Ball treffen werden?«

»Du wirst doch nicht …«

»Doch, Dad, heute habe ich es geschafft! Keine Treffer und keine Punkte, und ich habe nur dreimal absichtlich daneben werfen müssen, um einen Treffer zu verhindern!«

»Toll! Das ist ja sensationell! Herzlichen Glückwunsch, mein Sohn. Ich bin wirklich stolz auf dich. Wie schade, daß ich nicht dabeisein konnte. Du fehlst mir ja so sehr.«

»Du fehlst mir auch, Dad. Aber du bist doch bald wieder bei uns. Ich geb' dir Mom nochmals.«

Ich wartete. Louise kam nicht gleich wieder an den Apparat.

»Louise, Louise, bist du da?«

»Ja, ich bin da, Liebling. Ich wollte nur warten, bis Todd außer Hörweite ist. Ich muß dir etwas erzählen.«

»Was? Was ist passiert?«

»Nun, heute nach dem Spielende überreichte Trainer Murphy Todd als Anerkennung den Spielball. Auf dem Weg nach Hause saß er wortlos neben mir auf dem Vordersitz, mit dem Ball in seinem Handschuh. Nach einer Weile fragte ich ihn, warum er so traurig sei, obwohl er doch gerade so ein Superspiel gemacht habe. Er fing an zu weinen und meinte, es wäre für ihn nicht wirklich wichtig, weil Dad ihn nicht gesehen habe.«

»Guter Gott …«

»Und weißt du, was heute abend auf deiner Kommode liegt?«

»Was?«

»Ein Baseball. Der Ball von diesem Spiel. Er hat ihn signiert, als er zu Hause war. ›Für Dad, in LIEBE‹ steht darauf, und das Wort LIEBE ist in dicken Großbuchstaben geschrieben!«

XVIII

Die zwei Tage meiner Tour in Memphis waren aufregend und lohnend gewesen. Auf einer Bewertungsskala von eins bis zehn hätten sie mindestens neun Punkte erhalten. Die Interviews waren sehr gut verlaufen, und begeisterte Menschenmengen hatten die Buchhandlungen gestürmt. Und an meinem ersten Tag in dieser schönen Stadt rief auch noch David Coronet an, um mir zu berichten, daß, nach den Auswertungen der Computer seiner Verkaufsabteilungen, in fünf Wochen mehr als sieben Millionen Taschenbuchexemplare verkauft wurden – ein Rekord im Verlagsgeschäft. Und noch eine erfreuliche Neuigkeit konnte er mir mitteilen: Publishers Weekly zufolge war *›Eine bessere Art zu leben‹* die Nummer 1 auf der Taschenbuch-Bestsellerliste, und auch die gebundene Ausgabe thronte immer noch ganz oben auf der Bestsellerliste – ein Kunststück, das kein anderes Buch je geschafft hatte.

Nachdem ich mich bei Marcia Bechtol, der Repräsentantin von Goliath Books in Memphis, mit einer Umarmung für ihre erstklassige Schutzengelfunktion während meines Aufenthaltes bedankt hatte, bestieg ich kurz nach neun Uhr abends den Delta-Flug Nr. 1774. In Atlanta würde ich – die eine Stunde Zeitverschiebung mit eingerechnet – um 23.26 Uhr landen. Inzwischen machte mir der vollgepackte Terminkalender der einzelnen Tage nichts mehr aus. Er war zur Routine geworden. Zudem spornte mich die Gewißheit, nach Atlanta nur noch sieben weitere Städte auf dem Programm zu haben, zusätzlich an. Noch zwei Wochen, und ich würde wieder mit meiner Familie vereint sein.

»Es sieht so aus, als ob wir Sie ganz für uns haben werden«, bemerkte lächelnd die Stewardeß, als sie mir meine Jacke abnahm und auf das leere Erste-Klasse-Abteil blickte. »Darf ich Ihnen vor dem Abflug etwas bringen?«

Ich schüttelte verneinend den Kopf, dankbar dafür, daß sie mich nicht erkannt hatte. Nach fünf Signierstunden in Memphis war an diesem Tag meine Fähigkeit für Small Talk erschöpft.

Ich mußte eingenickt sein, sobald mein Kopf die Rückenlehne berührt hatte, um dann aber wieder aufzuwachen, als das Flugzeug mit einem Ruck auf den Weg zu seiner Startposition rollte. Eine Person hatte sich neben mich gesetzt. Und diese Person war niemand anderes als … Alexander Anthony! Er strich sorgfältig seine helle Wildlederjacke unter seinem Sicherheitsgurt zurecht, bevor er sich mir zuwandte und mir seine große Hand entgegenstreckte.

»Mark, wie schön, Sie so bald wieder zu treffen. Sie sehen gut aus. Die Tour scheint Ihnen zu bekommen.«

Was sollte ich sagen? Er war der letzte Mensch, den ich auf einem Nachtflug nach Atlanta – oder sonst irgendwohin – zu treffen erwartete. Während ich meine Gedanken zu sammeln suchte, machte das Flugzeug plötzlich einen Ruck nach vorne und raste mit einem Dröhnen der stark beanspruchten Motoren, einem Knarren, Ächzen und Holpern die Startbahn hinunter, um dann aufzusteigen und in eine Rechtskurve einzuschwenken. Sprachlos blinzelte ich weiterhin den alten Mann an, bis er zu lächeln anfing und mein Knie tätschelte, als ob ich ein Kind wäre. »Ich hoffe, es stört Sie nicht, daß ich direkt neben Ihnen sitze, weil wir beide ziemlich lange Beine haben. Sie müssen sehr müde sein nach dem Tag, der hinter Ihnen liegt, und bei all den leeren Plätzen hier wird man mir sicher erlauben, mich woandershin zu setzen, damit Sie sich ausstrecken und schlafen können.«

»Ob es mich stört?« fragte ich matt. »Natürlich stört es mich nicht, Alex. Ich freue mich, Sie wiederzusehen. Ich muß mich nur zuerst von der Überraschung erholen, aufzuwachen und auf dem Platz neben mir gerade Sie vorzufinden. Was hatten Sie in Memphis zu tun? Haben Sie Freunde besucht? Ich glaube, Sie erzählten mir, daß niemand weiß, wer Sie sind, oder reisen Sie inkognito?«

Er lachte leise in sich hinein. »Inkognito? Ja, ja. Manchmal muß ich bei den Gelegenheitsjobs, die mir anvertraut werden, dazu Zuflucht nehmen. Eigentlich fliege ich nun mit Ihnen in Ausübung meines Dienstes.«

Ich schüttelte den Kopf. Ich wollte dem alten Herrn gegenüber nicht die Geduld verlieren. »Und ich nehme an, Sie benutzen für diese Aufgabe einen anderen Namen?«

Er nickte.

»Würde es Ihnen etwas ausmachen, mir zu sagen, welchen?«

»Salom«, sagte er leise. »A. B. Salom.«

Im trüben Licht der Kabine konnte ich sehen, wie seine hellblauen Augen meine Miene erforschten, um herauszufinden, wie ich auf diese Worte reagierte. Mein Herz klopfte, als ich den Sicherheitsgurt löste und meine Beine geradelegte.

»Sie?« rief ich mit einer Stimme, die ich nicht als die meine erkannte. »Sie!«

Er schwieg.

»Sie sind also der Verrückte, der uns diese seltsamen Botschaften gesandt hat, die uns so in Angst und Schrekken versetzt haben? Und Sie sind auch nicht Alexander Anthony?«

»Mark, ich *bin* Alexander Anthony. Mit diesen Briefen habe ich nur versucht, Sie vor dem zu warnen, was auf Sie zukommen wird, und ich hoffte, Sie wären so scharfsinnig, ihren Inhalt zu deuten, insbesonders wenn ich sie mit A. B. Salom unterzeichnen würde.«

Ich bemühte mich, meine Verärgerung nicht offen zu zeigen. »Was hätte ich herausfinden sollen? Ich war noch nie gut im Rätselraten!«

»Absalom war der Sohn von König David. Er fiel im Kampf, und sein Vater reagierte auf dieses tragische Ende mit dem Ausruf: ›Mein Sohn, mein Sohn … Wollte Gott, ich wäre für dich gestorben.‹«

»Alex, ich verstehe nicht, worauf Sie hinauswollen. Und ich kann einfach nicht glauben, daß jemand von Ihrer

Intelligenz sich einem solch üblen Zeitvertreib hingibt. Sie können nicht der Absender dieser seltsamen Botschaften sein.«

Der alte Mann seufzte, zuckte mit den Schultern und entnahm Deltas Bordzeitschrift SKY aus der Tasche des Vordersitzes. Er zog einen riesigen Füllfederhalter aus der Innentasche seiner Jacke, schraubte bedächtig die Verschlußkappe auf, schrieb etwas auf die Titelseite und reichte mir die Zeitschrift herüber. Mein Magen drehte sich um. Da war mein Name, geschrieben in der gleichen zierlichen blauen Kalligraphie, die ich so gut von den drei ominösen Nachrichten her kannte. Plötzlich stellte sich bei mir das Gefühl ein, das mich regelmäßig auf dem Zahnarztstuhl überfällt – dieses Gefühl, hilflos einem anderen ausgeliefert zu sein. Doch ich wollte mich nicht kampflos ergeben.

»Alex, warum haben Sie für die Einladung nach Stoddard nicht das gleiche Papier und den gleichen Umschlag genommen wie für die anderen Nachrichten, und warum haben Sie nicht Ihre Kalligraphie benutzt und nicht mit A. B. Salom unterzeichnet?«

Er schüttelte den Kopf. »Wenn ich das gemacht hätte, Mark, hätten Sie Ihren Freund beim Federal Bureau of Investigation in Boston verständigt, und dieser hätte darauf bestanden, Sie bei Ihrem Besuch zu begleiten, und das wiederum hätte die Sache kompliziert.«

»Wie ... Wie kommt es, daß Sie von ihm wissen? Nur Louise ...«

»Mein Sohn, diskutieren Sie nicht mit mir. Ich weiß es

eben, und Sie müssen dies akzeptieren. Ich wollte, daß Sie allein zu mir nach Stoddard kommen, weil ich den Auftrag hatte, Ihnen eine wichtige Botschaft zu überbringen. Die Gelegenheitsarbeiten, die ich dann und wann ausführe, sind einfach nur Botendienste. Doch je länger wir an diesem Tag zusammen waren, desto lieber gewann ich Sie, bis ich es nicht mehr übers Herz brachte, meiner unangenehmen Pflicht nachzukommen. Es war das erste Mal, daß ich eine Aufgabe nicht wie mir aufgetragen erfüllt habe.«

Obwohl ich diese Botschaft unbedingt hören wollte, mußte ich ihn vorher noch einem Test unterziehen. »Alex, wie viele Botschaften haben Sie mir geschickt?«

»Drei.«

»Wie haben Sie die erste zugestellt?«

»Ich steckte sie in Jaffrey in einen Postsack, der mit anderen zusammen zu Ihrem Haus gebracht werden sollte.«

»Hat Sie niemand dabei gesehen?«

»Niemand sieht mich, wenn ich nicht gesehen werden will.«

»Und die zweite Botschaft?«

»Sie lag für Sie an der Rezeption des Arizona Biltmore Hotel in Phoenix. Sie hätten sie fast nicht erhalten.«

»Und die dritte Botschaft?«

»Ich legte sie in Ihr Zimmer im New Yorker Hilton zusammen mit einem Korb voller schöner Früchte.«

»Sie waren an diesem Abend im Ballsaal des Hilton und haben mich dort reden gehört?«

»Es war schön, wie Sie Ihrer verstorbenen Mutter Reverenz erwiesen haben. Ja, ich habe Ihnen zugehört.«

»Nun, weshalb haben Sie sich die Mühe gemacht, mir zu schreiben, wo Sie mir in Jaffrey, Phoenix und New York so nahe waren? Warum sind Sie nicht einfach auf mich zugegangen und haben mir Ihre Botschaft mündlich überbracht?«

»Weil es dafür noch zu früh war. Es gibt für alles den richtigen Zeitpunkt. Die Botschaften waren meine Idee, und ich bin dafür bereits getadelt worden. Aber ich hatte gehofft, sie würden Sie zum Denken anregen, Sie ein wenig vorbereiten, Sie vielleicht veranlassen, sich näher mit dem Absalom-Thema von Vater und Sohn zu beschäftigen.«

»Meine Frau war dicht davor. Aber ich verstehe es immer noch nicht. Über was sollte ich nachdenken? Ich bin sehr müde, Alex, und ich frage mich, ob die Polizei Sie nicht nach der Landung in Atlanta mit einer Zwangsjacke in Empfang nehmen sollte.«

Er leerte seinen Kaffeebecher, zerdrückte den Styropor-Behälter in seiner mächtigen Faust und steckte die Überreste in die Tasche des Vordersitzes.

»Mark, Sie müssen mir glauben, ich bitte Sie darum. Ich bin kein Verrückter, und dies ist kein Spiel. Ich habe lediglich eine Botschaft für Sie. Ich überbringe jedes Jahr mehrere davon. Als Sie bei mir in Stoddard waren, habe ich es nicht übers Herz gebracht, aber jetzt will ich meine Aufgabe erfüllen.«

»Gut, ich höre.«

»Mein Sohn«, sagte er stockend. »Ich weiß, wie sehr Sie Ihre Familie lieben. Es ist meine traurige Pflicht, Ihnen mitzuteilen, daß ein Mitglied Ihrer Familie dieses Jahr nicht überleben wird.«

Mir stockte der Atem. »Wie ... in Gottes Namen wollen Sie das wissen?«

»Sie haben es erfaßt.«

»Wie bitte?«

»Ich weiß es, weil ich Ihnen diese Botschaft in Gottes Namen übermittle.«

»Alex, Alex«, stöhnte ich, »soll ich annehmen, Sie wären so eine Art von Engel, der Botschaften aus dem Jenseits überbringt? Ich fürchte, Sie haben zu lange allein gelebt, allein mit Ihren Gedanken und Ihrer Trauer. Ich glaube, Sie benötigen Hilfe. Wenn wir in Atlanta ankommen, könnte ich versuchen, etwas für Sie zu tun ...«

»Mark, mein lieber Freund, ich habe meinen Anspruch auf Hilfe vor langer Zeit verwirkt. Sie müssen mir glauben, Sie müssen meine Botschaft als eine Tatsache akzeptieren.«

»Jemand aus meiner Familie wird sterben?«

»Bevor das neue Jahr begonnen hat. Es ist dort bereits eingetragen worden«, antwortete er und deutete mit seinem Finger nach oben.

Ich schloß meine Augen und überlegte, ob ich nach der Stewardeß läuten sollte. Ich entschied mich, es nicht zu tun, sondern das Spiel weiterzuspielen. »Also gut, wer wird es sein?«

»Ihr jüngerer Sohn Todd.«

Ich starrte aus dem kleinen Fenster in die wolkenlose dunkle Nacht. Ein voller Mond spiegelte sich im Aluminium der Tragfläche. Ohne mich ihm zuzuwenden, fragte ich: »Weiß man, wie mein Sohn sterben wird?«

»Natürlich weiß man es«, seufzte er, »nur ich weiß es nicht. Alles, was ich tun kann, ist, die Botschaft, die mir übermittelt wurde, weiterzugeben.«

»Alex«, sagte ich, »in jeder Sekunde bei Tag und bei Nacht sterben auf dieser Welt Menschen, und zwar ohne Ankündigung von unserem Freund da oben. Warum macht man sich mit mir so viel Mühe?«

»Weil Sie ein ganz besonderer Mensch sind, Mark. Sie haben mit Ihrem Buch das Leben von Millionen Menschen verändert, und diese Welt ist durch Sie besser geworden. Sie haben sich in den Augen Gottes bedeutende Verdienste erworben, weshalb Sie einen Sonderstatus genießen. Ihnen wird eine seltene Wahlmöglichkeit angeboten, Sie können eine Entscheidung treffen, und ich habe versucht, Sie in meinen verschlüsselten Botschaften darauf vorzubereiten.«

»Eine Wahlmöglichkeit?«

»Mark, weil Sie so ein besonderer Mensch sind, wurde beschlossen, daß sie den Tod Ihres Sohnes verhindern können, wenn Sie dies wollen.«

»Wenn ich dies will? Ich würde alles tun, um meinen Sohn zu retten. Jeder Vater würde das tun.«

Er tätschelte meine Hand. »Sie sind nicht jeder Vater. Die zahllosen Leben, die Sie bereits gerettet haben, machen Sie zu einer seltenen und einmaligen Person.«

»Also gut, was muß ich tun, um das Leben meines Sohnes zu retten?«

Er fuhr fort, meine Hand zu tätscheln. »Leider gibt es dafür nur einen Weg. Sie können ihn retten, wenn Sie einverstanden sind, seinen Platz in der Reihenfolge einzunehmen. Dies ist eine äußerst ungewöhnliche Regelung. Sie wird jedes Jahr nur wenigen, die besonderes Wohlwollen genießen, gewährt.«

Ich brachte ein gezwungenes Lächeln zustande: »Welch eine Wahl!«

Er schaute mich besorgt an. »Es wurde angenommen, Sie wären aus Liebe zu Ihrem Sohn für diese Möglichkeit dankbar.«

»Alex, wie soll ich wissen, daß Sie auch das sind, was Sie zu sein vorgeben?«

Er hob beide Hände, die Handflächen nach oben gedreht, in die Höhe. »Es tut mir leid, daß ich Ihnen keinen von Gott ausgestellten Personalausweis zeigen kann. Ich habe keinen Beweis, daß meine Rede mehr ist als das irre Geschwätz eines verschrobenen Alten mit einem makaberen Sinn für Humor. Das ist immer die größte Herausforderung bei dieser Aufgabe. Aber Sie werden es herausfinden, Sie werden es sicherlich herausfinden ...«

»Und wann soll ich diese Entscheidung treffen?«

»Hätte ich meine Botschaft nach Plan überbracht, also an dem Tag Ihres Besuches in Stoddard, hätten Sie mehr Zeit gehabt, über Ihre Zwangslage nachzudenken. Ich bedauere dies sehr. Nun bleibt Ihnen leider nicht mehr viel Zeit. Das ist auch der Grund, weshalb ich Sie auf diesem Flug allein antreffen wollte. Die Entscheidung muß am 28. September um Mitternacht getroffen sein.«

Mein nervöses Lachen klang dumpf und erstarb sogleich wieder. Ausgerechnet am 28. September, dem Höhepunkt meiner triumphalen Tour. An diesem Abend würde ich vor einem ausverkauften Yankee-Stadion und vielen Millionen Fernsehzuschauern sprechen. Und dieser Abend fand bereits in zwei Wochen statt!

»Und wie gebe ich meine Entscheidung, meine Wahl bekannt? Besuchen Sie mich an diesem Tag?«

»Nein, nein, ich fürchte, wir werden uns nicht wieder sehen, zumindest nicht in naher Zukunft. So wie ich Ihren Terminplan kenne, werden Sie am 28. September im Yankee-Stadion eine Rede halten, so ungefähr nach zweiundzwanzig Uhr.«

»Zweiundzwanzig Uhr dreißig.«

»Sie können Ihre Wahl auf eine ganz einfache Art und Weise kundtun. Wenn Sie sich entschieden haben, daß Ihr Sohn leben soll und Sie um seinetwillen auf Ihr eigenes Leben verzichten, sollten Sie an dem Abend, an dem Sie Ihre Rede halten, eine rote Krawatte tragen. Ihre Entscheidung, wie immer sie auch ausfällt, wird zur Kenntnis genommen und entsprechend umgesetzt werden. Bitte, seien Sie so großmütig, mir zu verzeihen. Es betrübt mich unendlich, der Überbringer solch schrecklicher Nachrichten zu sein, doch ich habe seit langem aufgehört, den Sinn meiner Botschaften zu hinterfragen. Ich habe mich angeboten, Ihnen Ihre Botschaft zu übermitteln, weil ich glaubte, als Schriftstellerkollege wäre es mir möglich, dem Schlag ein wenig von seiner Härte zu nehmen.«

Tränen flossen über seine runzeligen Wangen. Ich faßte

nach seiner Hand. »Und nach dem 28. September, wie lange werde ich noch … ?«

Er zuckte mit den Schultern. »Das weiß ich nicht, Mark. Sicherlich nicht über den Neujahrstag hinaus.«

Trotz der kühlen Luft aus dem Gebläse über mir fühlte ich, wie mir der Schweiß aus sämtlichen Poren brach. War dies alles Wirklichkeit? Oder war es nur ein verrückter Traum?

Alex schnallte seinen Sicherheitsgurt auf, erhob sich und ging langsamen Schrittes in Richtung Toilette. Ich ballte die Fäuste und schaute zum Fenster hinaus auf die kleinen blinkenden Lichter am Ende der Tragfläche.

»Sir, würden Sie sich bitte anschnallen. Wir werden in Kürze landen.«

»Landen? Wir sind doch erst vor zehn oder fünfzehn Minuten gestartet.«

Sie sah mich verwundert an. »Wir sind seit fast einer Stunde in der Luft, Mr. Christopher. Bitte, schnallen Sie sich an.« Ich deutete mit dem Kopf auf den leeren Sitz neben mir. »Mein Freund ist noch auf der Toilette. Vielleicht sollte ich mal nachsehen, ob alles in Ordnung ist.«

»Wer, Sir?«

»Mein Freund, Mr. Anthony … äh … Salom. Der Mann, der neben mir saß.«

Ihr Lächeln erlosch. »Sir, niemand ist neben Ihnen gesessen. Sie waren hier vorne die ganze Zeit unser einziger Passagier.«

»Was reden Sie denn da? Er saß, seit wir in Memphis gestartet sind, direkt neben mir.«

Sie wich zurück. »Mr. Christopher, hier vorne gab es keinen weiteren Passagier.«

Sie irrte sich. Ich wußte, daß sie sich irrte. Ich faßte in die rückwärtige Tasche der Sitzlehne vor Alexanders Sessel und tastete nach dem zerdrückten Kaffeebecher, den er dort hineingesteckt hatte. Doch da war nichts. Die Stewardeß reichte mir ihren Sitzplan.

»Wie Sie sehen können, ist im Sitzplan der ersten Klasse nur ein Name eingetragen, nämlich der Ihrige – Mark Christopher. Niemand sonst.«

»Habe ich geschlafen?«

»Nein. Ich habe Ihnen ein Kissen angeboten, aber Sie haben es abgelehnt. Wir haben sogar ziemlich lange über Ihr Buch gesprochen, erinnern Sie sich nicht mehr daran?«

Ohne ihr zu antworten, schnallte ich meinen Sicherheitsgurt auf, trat in den Gang hinaus und rannte die paar Schritte bis zur Toilette, in die Alexander hineingegangen war. Auf der kleinen Anzeigetafel leuchtete das Wort ›frei‹. Ich riß die Türe auf und starrte hinein. Der kleine Raum war leer.

»Kehren Sie nun bitte zu Ihrem Sitz zurück, Sir«, sagte die junge Dame bestimmt. Wortlos beeilte ich mich, ihrem Wunsch nachzukommen, schnallte mich an und saß zusammengesunken in meinem Sitz, während das Flugzeug in Vorbereitung der Landung den Internationalen Flughafen von Atlanta umkreiste. Ich drehte mich zur Seite, um wieder aus dem Fenster zu blicken, da streifte mein Fuß die Zeitschrift, die ich vorher fallen gelassen hatte. Ich faßte hinunter und hob sie auf.

Unter den leuchtend roten Buchstaben SKY stand mein Name in dieser vertrauten Kalligraphie! Und dann sah ich auch das Bild auf der Titelseite. Vor dem Hintergrund düsterer purpurroter Berge und hellem Wüstensand stand eine einzelne hohe Agave, deren oberstes, gezähntes, blaues Blatt direkt auf meinen Namen zeigte.

XIX

David Coronet stand, die Hände in die Hüften gestützt, am Fenster meiner Suite im Hilton in New York und blickte finster durch das regennasse Fenster auf den gleißenden Verkehr weit unten auf der Avenue of the Americas.

»Verdammt, verdammt«, fluchte er und bewegte dabei wütend seinen Kopf auf und ab. Er hatte gerade von meinem Zimmertelefon aus die Konfettiparade auf dem Broadway, die Goliath für mich geplant hatte, abgesagt. Vorhergegangen war ein ausführliches Gespräch mit dem Wetterdienst.

Er knurrte: »Sie sagen, ich hätte noch Glück gehabt. Es würde sich ein noch viel heftigerer tropischer Sturm in unsere Richtung bewegen, der in ein paar Tagen zu einem Hurrikan mit Namen Ernesto werden könnte. Was für ein Name für einen Hurrikan. Ich dachte, sie würden ihnen immer weibliche Namen geben.«

»Bis vor drei Jahren war das auch noch so«, klärte ich ihn auf. »Wissen Sie, die Gleichberechtigung hat auch hier Einzug gehalten.«

»Nun, bis jetzt hat es uns noch nicht erwischt«, murmelte er und blickte auf seine Uhr. »Die Jungs vom Wetteramt sagen, daß das Auge des Sturms dem Meer nahe

Cape Lookout entgegentreibt und dieser üble Regen im Laufe des Nachmittags aufhören wird. Unsere Party im Yankee-Stadion fällt also Gott sei Dank nicht ins Wasser. Ich darf gar nicht daran denken, wie problematisch es geworden wäre, das Geld für die über sechzigtausend Eintrittskarten zurückzuzahlen, wenn wir keinen neuen Termin hätten anbieten können. Und was ist mit Louise? Kommt sie, um mitzuerleben, wie ihr Held die große Stadt erobert?«

»Leider nicht. Sie rief vor einer Stunde vom Flughafen in Boston an. Das Flugzeug kann wegen der Wetterbedingungen nicht starten. Sie hat sich wieder auf den Heimweg gemacht und wird sich alles im Fernsehen anschauen.«

»Welch ein Jammer! Dies ist ein großer Abend, auch für sie.«

»Sie wird bei den Jungen sein, so können sie gemeinsam um mich zittern.«

Er zündete sich eine weitere Zigarre an. »Mir geht so viel im Kopf herum, Mark, daß ich ganz vergessen haben, Ihnen zu sagen, daß Sie gestern in der *Today Show* großartig gewesen sind.«

»Jane Pauley hat es mir leichtgemacht.«

»Heute morgen bei *Good Morning, America* konnte ich Sie nicht sehen. Wie ist das gelaufen?«

»David Hartman hat ständig Werbung für meine von der ABC übertragenen Rede von heute abend gemacht.«

»Gut, gut.«

Er sah wieder auf seine Uhr. »Nun, wie sieht Ihr Zeitplan für den Rest des Tages aus?«

»Stuart wird mich um ein Uhr abholen. Ich werde dann eine Stunde bei Macys und eine Stunde bei Doubledays signieren. Dann werde ich hierher zurückkommen und ein Nickerchen machen. In der letzten Zeit überfällt mich mitten am Nachmittag immer eine Müdigkeit.«

»Ja, Sie müssen sich unbedingt ausruhen. Ihr Arbeitspensum ist immens. Wir sind Ihnen alle so dankbar für die tolle Arbeit, die Sie überall geleistet haben. Das Programm im Stadion beginnt heute abend um neun Uhr. Dr. Peale wird die Einführung vornehmen, und dann kommen hintereinander drei der landesweit bekanntesten Redner, die es sich zur Aufgabe gemacht haben, Menschen zu motivieren – Cavett Robert, Charles ›Tremendous‹ Jones und Charles Jarvis. Jeder von ihnen wird ungefähr zwanzig Minuten Optimismus verbreiten.«

»Ich kenne sie alle. Sie haben es mir schwergemacht, Dave. Ich weiß nicht, wie ich nach solchen Profis noch Eindruck machen kann.«

Er fuchtelte mit seiner Zigarre. »Keine Sorge. Sie werden großartig sein. Wann soll ich Sie abholen? Legen Sie Wert darauf, die anderen Redner zu hören?«

»Wenn es Ihnen nichts ausmacht, möchte ich so lange wie möglich hierbleiben und meine Kräfte schonen.«

»Kein Problem«, meinte er und sah schon wieder auf seine Uhr. »Ich hole Sie um neun Uhr in Ihrem Zimmer ab. Dann werden wir es trotz des Verkehrs locker schaffen, rechtzeitig im Stadion zu sein.«

Nachdem er gegangen war, öffnete ich meine Aktenmappe und holte die Karteikarten heraus, auf denen ich mir Notizen für meine Rede gemacht hatte. Jede war in der oberen rechten Ecke numeriert. Als ich gerade die Karte Nummer acht anstarrte, wurde mir klar, daß ich noch kein einziges Wort bewußt gelesen hatte. Verstört blickte ich in den Regen vor dem Fenster und dachte daran, wie schnell die zwei Wochen nach dem denkwürdigen Flug von Memphis nach Atlanta vergangen waren. Es fiel mir schwer, mich an Details der anschließenden Aufenthalte in Cleveland, Pittsburgh, Washingon, D. C., Baltimore, Philadelphia und Boston zu erinnern – abgesehen vom Lunch mit dem Präsidenten und der First Lady im Weißen Haus und den zwei Tagen in Boston, an denen mich Louise besucht hatte.

Ich hatte mir tagelang den Kopf zermartert, ob ich Louise von meinem zweiten Zusammentreffen mit Alexander Anthony erzählen sollte, und mir schließlich gesagt, daß es sinnlos sei, ihr Qualen zu bereiten, indem ich einen Teil der schweren Last von meinen auf ihre Schultern abwälzte. Sie liebte uns beide. Wie wäre es ihr denn möglich gewesen, eine Wahl zwischen ihrem Sohn und ihrem Ehemann zu treffen? Welche Ehefrau und Mutter könnte das? Nein, es war ganz allein meine Entscheidung, und als ich diese Tatsache akzeptieren konnte, war es mir möglich, mein entsetzliches Problem selbst vor ihren sonst so scharfsichtigen Augen zu verbergen, so daß wir die zwei gemeinsamen Tage in Boston in der begrenzten Freizeit, die mir zwischen den Interviews und Signierstunden verblieb, genießen konnten.

Stuart holte mich pünktlich um ein Uhr ab. Ich signierte bei Macys und bei Doubleday pausenlos Bücher und war gegen vier Uhr wieder in meinem Hotelzimmer. Dort legte ich mich hin und schlief, bis Punkt sechs Uhr der Wecker schrillte. Ich bestellte ein Sandwich mit Eiersalat und ein Glas Milch auf mein Zimmer, duschte und rasierte mich. Nachdem ich die Milch heruntergekippt und an einer Hälfte des Sandwichs herumgeknabbert hatte, ließ ich mich, nur mit Shorts bekleidet, auf meinem Bett nieder und versuchte, mich auf die Notizen der Karteikarten zu konzentrieren.

Eine Stunde später mühte ich mich noch immer damit ab. Was war los mit mir? Der Text, den ich so oft in den vergangenen Wochen vorgetragen hatte – Sätze von großer Überzeugungskraft, mit denen ich die lebensbejahenden, motivierenden Prinzipien meines Buches darlegte – erschien mir schwach und wenig eindrucksvoll, als ich ihn laut vor mich hinsagte. Ich fing noch einmal von vorne an. Doch die Wirkung war dieselbe. Ich klang mehr wie ein gelangweilter High-School-Schüler, der ein Buch besprechen mußte. Ich wußte, es lag nicht am Stoff, sondern an mir. Ich hatte keine Lust auf den Rummel heute abend, und die Worte, die ich zum Leben erwecken wollte, klangen hohl und nichtssagend, weil ich sie in so vielen Interviews ständig wiederholt hatte, so daß ich mir jetzt mehr wie ein Papagei vorkam als wie ein Botschafter des erfolgreichen Lebens.

Ich hatte noch eine Stunde, bevor ich mich ankleiden mußte. Reichte diese Zeit, um eine andere, bessere Rede zusammenzustellen? Vielleicht. Ich sprang vom Bett, holte einen Stapel leerer Karteikarten aus meiner Aktentasche und setzte mich an den kleinen achteckigen Tisch beim Fenster. Zwanzig Minuten später schmiß ich meinen Kugelschreiber an die Wand. Verzweiflung überkam mich. Ich hatte nur ein Wort auf eine einzige Karte geschrieben – Absalom! Ich war mir meines Unterbewußtseins bewußt geworden. Was mich in meinem Inneren beschäftigte, war ans Tageslicht gekommen, und ich mußte mich dem stellen. Dies war der Abend, an dem Mark Christopher die wichtigste Entscheidung seines Lebens zu treffen hatte … Todd oder ich? … blaue oder rote Krawatte?

Ich warf mich wieder aufs Bett. Mir war schwindelig und übel. Wie konnte ich mich dieser Menschenmenge und den Fernsehkameras stellen, wie konnte ich Begeisterung und Enthusiasmus ausstrahlen, wenn mein Herz zu brechen drohte? Wie sollte ich das bewerkstelligen? Obwohl mein Gesicht halb im weichen Kissen vergraben war, konnte ich noch die goldgerahmte Fotografie von Louise, Todd und Glenn sehen, die ich jeden Abend, in jedem Hotel, in jeder Stadt auf meinen Nachttisch stellte. Ich malte mir aus, wie sie im Wohnzimmer nah beieinandersitzend aufgeregt auf den großen Moment warteten, an dem sie ihren Vater und Ehemann auf dem Bildschirm sehen konnten. Durfte ich sie mit einem mittelmäßigen Auftritt enttäuschen? Und welche Schlagzeilen in einem solchen Fall morgen in den Zeitungen stehen würden, konnte ich mir auch gut vorstellen – »Mr. Success schlägt im Yankee-Stadion dreimal daneben!« Du lieber Gott!

Gott?

Eine Bibel lag neben der Fotografie auf dem Nachttisch. Ich setzte mich auf und nahm sie in die Hand. Als ich ein Kind war, gab es zwischen meiner Mutter und mir ein kleines Spiel, das wir oft am Abend, bevor sie mich in meinem Bett zudeckte, spielten. Jeder von uns öffnete die Bibel aufs Geratewohl, legte den Finger auf eine Stelle der geöffneten Seite und las laut den Vers, auf den der Finger zeigte. Das, so hatte sie mir immer versichert, war die für uns bestimmte Botschaft von Gott, die uns helfen würde, mit den Problemen des Tages fertig zu werden. Ich glaubte ihr. Nun hatte ich doch erst kürzlich eine von Alexander Anthony freundlicherweise überbrachte Botschaft erhalten. Warum sollte ich nicht noch eine zweite bekommen?

Ich ließ die Seiten der Bibel in meiner Hand an einer x-beliebigen Stelle auseinanderfallen und strich, die Lider geschlossen, mit meinem Finger über die rechte Seite. Als ich die Augen wieder öffnete, wies mein Zeigefinger auf zwei Verse von Matthäus:

> »Wenn sie euch nun überantworten werden, so sorgt nicht, wie oder was ihr reden sollt; denn es soll euch zu der Stunde gegeben werden, was ihr reden sollt.
> Denn nicht ihr seid es, die da reden, sondern eures Vaters Geist ist es, der durch euch redet.«

Behutsam schloß ich die Bibel. Eine innere Ruhe überkam mich; so gut hatte ich mich seit zwei Wochen nicht mehr gefühlt.

Um Viertel nach zehn führte mich David Coronet durch die weitläufigen Umkleideräume des New Yorker Yankee-Stadions in den vor den Blicken der Zuschauer geschützten Eingangsbereich zum Spielfeld, wo ich Dr. Peale und die anderen Redner begrüßte, die mir alle viel Glück wünschten. Eine riesige Bühne war hinter der Heimbase errichtet worden, und Tausende von Klappstühlen, alle davon besetzt, befanden sich auf dem Innenfeld. Weiter hinten, in der Mitte des äußeren Feldes, konnte ich eine Nachbildung vom Turm des Erfolges in etwa einem Viertel seiner Originalgröße erkennen. Um ihn herum marschierte und spielte eine Band. Auf den Tribünen drängten sich die Menschen. Sie hatten bereits damit begonnen, in Sprechchören »Mr. Success, Mr. Success, wir wollen Mr. Success!« zu rufen. Wie oft wohl hatten auf diesem Platz ähnliche Rufe *Ruth, Gehrig, DiMaggio, Mantle* und *Maris* gegolten? Ich fühlte mich wie betäubt und mußte gegen den Drang, wegzulaufen, ankämpfen. Wenn ich mich nur irgendwo hätte verstecken können!

Eine Hand griff nach meinem rechten Ellenbogen. David zeigte auf die drei Fernsehkameras, von denen zwei auf jeweils einer Auslinie aufgestellt waren, während die dritte sich auf einem niedrigen Sockel befand, wo meiner Meinung nach die Abwurfstelle des Werfers sein mußte.

David schrie mir ins Ohr: »Der kleine Kerl mit der Golfmütze neben der an der dritten Position stationierten Kamera ist unser Programmdirektor. Sobald er mir einen Wink gibt, trete ich hinaus, erklimme die Treppen zur Bühne, gehe hinüber zum Mikrophon und kündige Sie an.

Wenn ich sage, ›Lassen Sie uns nun Mr. Success begrüßen!‹, kommen Sie langsam heraus. Nehmen Sie sich Zeit beim Hinaufsteigen der Treppen. Der Beifall soll anschwellen, bis er das Dach der Haupttribüne hinwegfegt. Verstanden?«

Ich nickte.

»Wo sind Ihre Notizen?« schrie er.

»Ich habe keine.«

»Toll! Können Sie dreiundzwanzig Minuten lang improvisieren?«

»Nicht unbedingt.«

Ich konnte ihn bei dem Lärm nur sehr schlecht verstehen. »Nicht unbedingt? Was soll das heißen?«

In diesem Moment zeigte der kleine Mann mit der Golfmütze auf uns.

»Ich hoffe, Sie wissen, was Sie tun, Junge«, brüllte David. »Viel Glück!«

»Danke«, sagte ich, räusperte mich und nahm mein Taschentuch, um mir den Schweiß vom Gesicht zu wischen. »Lieber Gott«, flüsterte ich, »bitte hilf mir jetzt!«

»Übrigens, Sie sehen wirklich gut aus, Mark«, schrie David noch über die Schulter hinweg, als er auf die Bühne zuging. »Ihr Anzug gefällt mir. Sehr elegant. Sieht gut aus mit dieser roten Krawatte!«

XX

Ich habe keinerlei Erinnerungen an meine Rede. Ich weiß lediglich noch, daß ich die fahnengeschmückte Bühne mit den vielen Mikrophonen betreten und mich für den donnernden Applaus mit einem scheuen Winken und Lächeln bedankt habe.

Ich kann mich auch noch erinnern, mich am Ende verbeugt und dem auf- und abwogenden Meer freundlicher Gesichter Kußhände zugeworfen zu haben. Wie mir David später freudestrahlend erzählte, dauerten die Standing Ovations zwanzig Minuten. Doch an die Rede selbst konnte ich mich beim besten Willen nicht erinnern. Selbst als Louise sie mir auf unserem Videorekorder zu Hause vorspielte, erkannte ich keinen einzigen der von mir gesprochenen Sätze.

Fünf Tage nach meinem Auftritt im Yankee-Stadion, am 3. Oktober, veröffentlichte Goliath Books ganzseitige Anzeigen in dreißig der wichtigsten Zeitungen der Vereinigten Staaten, in denen meine Rede wortgetreu abgedruckt wurde, ausgenommen meine eröffnenden Grußworte an die Zuhörer und meinen Dank an David Coronet für die gelungene Vorstellung meiner Person.

Der Anzeige nach hatte meine Rede folgenden Wortlaut:

Der Schlüssel zu einem besseren Leben

Männer und Frauen … wo immer Sie diese Worte hören, kehren Sie den Sorgen und Nöten, die Sie gerade belasten, den Rücken, und reichen Sie mir Ihre Hand. Kommen Sie mit mir auf eine Erkundungsfahrt, eine geistige Reise, die Ihnen helfen kann, Ihr Leben zum Besseren zu wenden.

Wir, Sie und ich, suchen nicht nach Gold, Silber oder Erdöl, sondern nach etwas viel Wertvollerem – einem Schlüssel, einem einfachen Schlüssel, der die Tür unseres Gefängnisses öffnet, uns aus unserer Unzufriedenheit, unserer Verunsicherung, unserer Lethargie des Scheiterns befreit, so daß wir endlich von der Möglichkeit Gebrauch machen können, uns unsere Träume zu erfüllen. Dieser gleiche Schlüssel – falls wir ihn finden – wird die Truhe mit den Rätseln der Menschheit aufschließen und Antwort auf die Frage finden, die viele Menschen jahrhundertelang verfolgt und beschäftigt hat …

Gibt es eine bessere Art zu leben?

Uns ist gesagt worden, daß der Mensch die einzige Kreatur ist, die nichts weiß und die nichts lernt, ohne daß es ihr gelehrt wird. Er kann außer Weinen instinktmäßig weder sprechen, laufen, essen oder sonst etwas tun.

Im Laufe der Jahrhunderte haben wir viele Dinge gelernt, doch mit der Erweiterung unseres Wissens hat das Weinen nicht abgenommen. Tränen der Mutlosigkeit, des Versagens, der Frustration, des Selbstmitleids, der Hilflosigkeit und der Angst werden heute genausooft vergossen wie damals, als Homer ausrief, unter allen Kreaturen, die auf dieser Erde atmeten und sich fortbewegten, sei keine kläglicher als der Mensch.

Warum ist dies so? Warum sind wir unglücklich? Ist uns nicht gesagt worden, daß wir als Ebenbild Gottes geschaffen wurden, und haben wir uns nicht diese Erde untertan gemacht? Wann haben wir uns nicht mehr als Ebenbild Gottes gesehen? Warum haben wir auf unsere Macht verzichtet? Was ist falsch gelaufen? Warum fühlen wir uns in unseren Herzen heute so unausgefüllt wie unsere Vorfahren, die von früh bis spät damit beschäftigt waren, einzig und allein ihr Überleben zu sichern?

Hat Gott uns irgendwann verlassen? Ist er es leid geworden zu sehen, daß es uns nicht gelingt, die uns verliehenen Talente und Gaben zu nutzen und uns an dem Paradies, das er uns vermacht hat, zu erfreuen? Hat er sich anderen Welten zugewandt, anderen Galaxien und es uns überlassen, für uns zu sorgen? Würde er, in seiner unendlichen Weisheit, so etwas tun, nachdem er so viele Widersprüche in jeden von uns gelegt hat, daß Probleme für ihn sicherlich vorhersehbar waren?

Der Mensch ist die einzige Kreatur, die errötet und lacht, aber dieser Mensch, der so zärtlich und liebevoll sein kann, ist auch das einzige Lebewesen, das ständig Jagd auf die eigene Spezies macht. Warum? Warum tötet, stiehlt, vergewaltigt, plündert, lügt und betrügt er, wo er doch eigentlich die Krönung der Schöpfung ist? Warum verdammt er sich selbst durch sein törichtes Verhalten zu einem Leben in Abhängigkeit und Frustration, ohne Freude und ohne Erfolg, wo er doch der Mittelpunkt des Universums und der Empfänger so vieler Gaben Gottes ist? Und gibt es, jetzt, nachdem wir so viele Jahrtausende in diesem bedauerlichen Zustand gelebt haben, einen Grund anzunehmen, daß wir uns verändern können, daß wir eine bessere Art zu leben entdecken werden?

Das ist die Frage, die uns bewegt, Sie und mich. Hören Sie mir also gut zu, denn was wir nun zusammen erarbeiten, könnte Sie dazu veranlassen, den Rest Ihres Lebens anders zu gestalten.

Begeben wir uns gemeinsam auf diese Reise, und wie bei jeder Reise, sollten wir zuerst einmal genau wissen, von wo aus wir starten. Ihre Antwort auf fünf Fragen wird Ihre Position, Ihren gegenwärtigen Standort auf der gewundenen Straße des Lebens genau festlegen:

Haben Sie Ihr Leben im Griff?
Sind Sie mit sich und den Menschen Ihres Umfeldes im reinen?
Sind Sie stolz auf das, was Sie im Leben erreicht haben?
Erfreuen Sie und Ihre Familie sich der Früchte Ihrer Arbeit?
Sind Sie glücklich und zufrieden?

Ja, das sind einfache Fragen und trotzdem schwierig zu

beantworten. Sie tun weh, weil jene, die ehrlich auf alle mit einem Ja antworten können, so rar wie ein zwanzigkarätiger, lupenreiner Diamant sind. Würden diese glücklichen Menschen aus allen Winkeln dieser Erde zusammen an einen Ort gebracht, wäre ersichtlich, daß sie nur einen winzigen Prozentsatz der sechs Milliarden Menschen unserer Weltbevölkerung ausmachen.

Warum? Warum können wir nicht in Frieden und Ruhe, in Freude, Zufriedenheit und Glück auf einer an Schätzen reichen Erde leben, die uns überlassen wurde?

Sind wir lediglich Marionetten – Schauspieler und Schauspielerinnen auf einer Bühne –, die ein Drehbuch mit Prophezeiungen befolgen, das weise Männer aus einer längst vergangenen Zeit in ihrer Seelenqual verfaßt haben? Hatte Hiob recht, als er ausrief: »Der Mensch, vom Weibe geboren, lebt kurze Zeit und ist voll Unruhe.«? Beklagte Sophokles unser wahres Schicksal, als er fragte: »Welche Mühsal gibt's, die Menschen nicht erleiden? Und welche Last bleibt ihnen hier erspart?«? Oder Lucretius, als er sein Schilfrohr in rote Tinte tauchte und schrieb: »O menschliches Gemüt voll Elend! Wie gleichst du dem geblendeten Tier! Welche Dunkelheit und große Gefahren durchlebst du nicht in deiner Lebensspanne, sei sie kurz oder lang!«?

Seit der Mensch aus dem Paradies vertrieben wurde, werden seine Bemühungen, ein besseres Leben zu führen, gern verspottet. Jene, die sarkastisch erklären, alle Sterblichen seien Dummköpfe und mit einem Halfter um den Hals geboren, haben eine große Gefolgschaft gefunden. Ihre Aussagen, die wir sowohl in Geschichtsbüchern als auch in der Literatur finden können, werden zur bequemen Zuflucht und Entschuldigung, wenn wir versagen, wenn wir es leid sind, nach einer Verbesserung unserer Bedingungen zu streben, wenn wir durch Mächte, auf die wir keinen Einfluß haben, außer Gefecht gesetzt werden, wenn eine Folge von Rückschlägen uns unserer Kräfte beraubt hat. Mißerfolg läßt sich anscheinend leichter ertragen, wenn wir wissen, daß dies ein Schicksal ist, das uns von so vielen weisen Männern vorhergesagt wurde. Wir erlauben uns dann, nach nur kurzem Aufbäumen, in Mittelmäßigkeit zu versinken oder unser wahres Potential, weil ungenutzt, verrosten zu lassen oder voller Bitterkeit und Selbstmitleid durch die Jahre unseres Lebens zu gehen, die unsere besten hätten sein können, mit nur einem gelegentlichen flüchtigen Blick auf das, was möglich gewesen wäre. Prophezeiungen sind in Erfüllung gegangen.

Warum haben wir es zugelassen, uns von dieser Tragödie, dieser Seuche anstecken zu lassen? Wie kommt es, daß wir einerseits gefürchtete Krankheiten besiegen, ferne Planeten umkreisen, Ereignisse, die sich Tausende von Meilen entfernt abspielen, bequem von unserem Heim aus verfolgen, Maschinen für alle möglichen Bedürfnisse erfinden, unsere eigenen Organe transplantieren, ja sogar Leben in einem Reagenzglas zeugen können und andererseits so wenige Fortschritte machen, wenn es darum geht, unsere Meinung von uns selbst und unseren vielen Talenten zu verbessern?

Sind die Propheten des Untergangs – vergangene und gegenwärtige – im Recht? Hat unser Dasein auf Erden keinen Sinn und Zweck? Ist diese Welt, diese sich drehende Kugel, die wir bewohnen, nicht viel mehr als ein Ameisenhügel, ein Haufen Dreck, auf dem wir, wie alle Ameisen, hin- und herlaufen, wobei die einen Getreidekörner und die anderen ihre Jungen herumtragen, während wieder andere nichts zum Herumtragen haben? Ist unser Leben, unser kostbarster Besitz, nicht mehr als ein schwacher Schimmer zwischen zwei Ewigkeiten, in dem es für uns niemals eine zweite Chance gibt?

Wie kommt es, daß in der wohlhabendsten und dynamischsten Nation, die es je gegeben hat, über dreihunderttausend Menschen jedes Jahr versuchen, sich das Leben zu nehmen? Wie kommt es, daß in diesem Land letztes Jahr über fünfzig Millionen Rezepte für Valium verschrieben wurden, weil die Menschen sich den Anforderungen des täglichen Lebens nicht gewachsen fühlen? Wieso müssen sich jeden Tag aufs neue über viertausend an Geist und Seele Erkrankte in Behandlung begeben, und warum müssen wir hilflos zusehen, wie die Zahl der Heroin-, Kokain- und Alkoholabhängigen epidemische Formen annimmt? Müssen wir die Schrecken des einzelnen Tages so sehr fürchten, daß wir die Flucht ergreifen, selbst wenn diese Flucht uns zerstört?

Es muß eine bessere Art zu leben geben.
Es gibt eine bessere Art zu leben!

Als uns die Herrschaft über die Erde gegeben wurde, wurde uns auch die Herrschaft über uns selbst gegeben. Gott ist nicht unser Steuermann. Es war nie seine Absicht, uns eine Verhaltensweise vorzuschreiben, um uns so unter seinem Joch zu halten. Er hat vielmehr jedem von uns Verstand und Talente verliehen sowie die Fähigkeit, uns unseren eigenen Weg zu suchen, unser eigenes Buch des Lebens zu schreiben, in der Art, für die wir uns entschieden haben.

Das Schlüsselwort heißt Entscheidungen treffen. Sie besitzen Wahlmöglichkeiten. Ihr Leben muß nicht bestimmt sein von Mißerfolg, Unwissenheit, Leid, Armut, Scham und Selbstmitleid. Natürlich kann man sich jetzt fragen: Wenn dem so ist, warum haben sich dann so viele von uns entschieden, ein solches Leben zu führen? Wer ist schon so dumm, Mißerfolg statt Erfolg zu wählen, Unwissenheit statt Wissen, Armut statt Reichtum? Niemand! Wie erklären wir uns also, daß so viele Menschen weiterhin in hoffnungsloser Mittelmäßigkeit dahinvegetieren, unerfüllt, frustriert, neidisch, ohne Selbstvertrauen und Selbstachtung, unfähig, selbst ihren täglichen Pflichten nachzukommen – und erfüllt von einer Traurigkeit, in der kein tägliches Samenkorn der Hoffnung wachsen kann, sondern nur das von Tränen gewässerte Unkraut der Verzweiflung?

Die Antwort ist einfach und einleuchtend. Jene, die unzufrieden sind und ihr Leben als mißlungen betrachten, haben nie von den ihnen gebotenen Möglichkeiten Gebrauch gemacht, weil sie sich nicht darüber bewußt waren, diese Möglichkeiten zu haben. Das Leben war für sie nie ein Spiel, bei dem Lernen, Fleiß, Mut und Ausdauer eingesetzt werden, um Mißerfolg in Erfolg, Unglück in

Glück zu verwandeln. Statt dessen betrachten diese Legionen von Versagern das Leben als einen Kampf, in dem sie sich stets in der Defensive befinden; in dem sie mit ihren eigenen geringen Mitteln gegen überlegene Mächte kämpfen – einen Kampf, den sie verlieren müssen, weil sie glauben, nur die eine Wahl zu haben, nämlich zu überleben oder zugrunde zu gehen.

Wenn Sie wissen, was es bedeutet, das Brot des Mißerfolgs zu essen, sich durch die Tage zu quälen mit der Unzufriedenheit als ständigem Begleiter, sich mit Tränen der Verzweiflung und Hoffnungslosigkeit in den Schlaf zu wiegen, dann sollten Sie es zulassen, daß der dunkle Vorhang, der Sie umgibt, zurückgezogen wird. Und nun sehen Sie einmal genau hin. Überlegen Sie sich, welche Möglichkeiten Ihnen noch zur Verfügung stehen, welche Entscheidungen Sie sofort treffen können, unabhängig von Ihrer gegenwärtigen Situation, damit Sie den Rest Ihres Lebens, so wie es Ihr Schöpfer wollte – in Freude und nicht in Schmach verbringen können.

Machen Sie sich die folgenden Worte zu eigen. Verinnerlichen Sie sie. Erklären Sie allen, daß Sie diese alten Prinzipien, diese vergessenen Regeln, diese heiligen Grundsätze von gestern anwenden werden, um ein besseres Leben zu leben. Dies ist Ihr persönliches Manifest ...

So viele von uns wachen jeden Morgen mit Furcht im Herzen auf. Es bereitet uns Qualen, der Monotonie eines neuen Tages mit seiner endlosen Plackerei und seinen Zwängen für so wenig Dank ins Auge zu blicken. Wir duschen, ziehen uns an und zwingen uns widerwillig, unser schützendes Nest zu verlassen und uns einer Welt zu stellen, die in unserer Vorstellung nur darauf wartet, uns zu verschlingen oder auf uns herumzutrampeln. Jeden Tag wiederholt sich die stumpfsinnige Schinderei des Vortages, nur daß die Stunden im Laufe der Jahre immer länger zu werden scheinen. Der Körper ist müde. Der Geist abgestumpft. Die Pflichten nehmen zu. Die Zukunft ist düster. Endlich ist der Tag vorüber. Erlösender Schlaf. Bewußtlosigkeit. Und dann geht die Sonne von neuem auf.

Ich entscheide mich für ein besseres Leben!
Von nun an werde ich jeden Tag aufwachen, auf meine Knie fallen und Gott für das danken, was nur er uns schenken kann – einen neuen Tag. Dies ist für mich ein unschätzbares Gut. Wann immer ich das Gefühl habe, undankbar zu sein und dieses Wunder nicht genügend zu schätzen, muß ich morgens in der Zeitung nur die Seite mit den Todesanzeigen aufschlagen und die vielen Namen, die dort stehen, überfliegen – Namen von Menschen, die liebend gerne mit mir, trotz all meiner Probleme, tauschen würden. Auf einem Friedhof gibt es keine Probleme. Doch ich möchte lieber hier als dort sein. Ich bin dankbar für diese neue Chance. Ich werde meine Dankbarkeit zeigen in allem, was ich heute tue. Eine Sonnenuhr zählt nur die Sonnenstunden, ich aber werde alle Stunden schätzen. Jede Minute wird kostbar für mich sein. Ich bin unsterblich, bis meine Arbeit getan ist, und ich habe erst damit begonnen. Ich danke Dir, Gott, für diese neuen Stunden. Ich brauche diesen Tag, um zu beweisen, daß Dein Glau-

be in meine Fähigkeiten nicht unbegründet ist. Ich verlasse mein Heim mit einem Lächeln. Wann habe ich zum letzten Mal die Vögel zwitschern gehört? Welch ein Glück ich doch habe, hiersein zu dürfen!

So viele von uns verbringen ihr Leben damit, hinter dem Glück herzujagen. Wie Kinder auf der Suche nach Ostereiern rennen wir dahin und dorthin, in der Hoffnung, irgendwo einen verzauberten blauen Vogel zu entdecken. Das Leben wäre so anders, seufzen wir, wenn wir glücklich sein könnten. Und so kommt es, daß der eine nach Hause eilt, um glücklich zu sein, und der andere aus dem Hause flieht, um glücklich zu sein. Der eine heiratet, um glücklich zu sein, und der andere läßt sich scheiden, um glücklich zu sein. Der eine geht auf teure Kreuzfahrten, um glücklich zu sein, und der andere macht Überstunden, um glücklich zu sein. Eine endlose Suche. Vergeudete Jahre. Welch ein Wahnsinn! Immer ist der Mond außer Reichweite, die Frucht nicht ganz reif, der Wein zu trocken. Wolken verdüstern den Horizont. Tränen fließen. Unser Kopfkissen allein kennt die Wahrheit.

Ich entscheide mich für ein besseres Leben!
Von nun an höre ich auf, hinter dem Glück herzujagen. Wie blind bin ich gewesen! Jetzt weiß ich, daß das Glück nicht in diesem neuen Haus, in dieser neuen Karriere, in diesem neuen Freund steckt. Und es ist auch nie zu kaufen. Wenn ich keine Zufriedenheit in mir selbst finde, ist es sinnlos, sie woanders zu suchen. Wann immer es von

äußerlichen Dingen abhängt, daß ich glücklich bin, sind Enttäuschungen vorprogrammiert. Glück, das sehe ich jetzt, hat nichts mit »etwas bekommen« zu tun. Es besteht vielmehr darin, zufrieden mit dem zu sein, was ich habe und was ich nicht habe. Der weise Mensch benötigt nur wenige Dinge, um glücklich zu sein, während den Dummkopf noch so viele materielle Güter nicht zufriedenstellen können. Ich bin kein Dummkopf. Ich habe einen Kreis um mich herum gezogen. Wann immer ich über ihn hinausgreife, werde ich geben und nicht nehmen. Meine Bedürfnisse sind gering. Solange ich etwas zu tun, etwas zu hoffen und jemanden zum Lieben habe, bin ich glücklich. Jetzt weiß ich, daß Glück nur von innen kommen kann, und ich will damit beginnen, auch andere daran teilhaben zu lassen. Wie bei einem Parfüm werde ich, wenn ich jemanden damit besprühe, selbst ein paar Tropfen abbekommen.

So viele von uns sehen in ihrer Arbeit nur eine mühselige Plackerei. Wir schleppen uns durch die Tage, als ob wir Eisenfesseln an den Füßen trügen, unsere Hände führen nur widerstrebend die auferlegte Arbeit aus, unser Blick ist immer auf die Uhr gerichtet. Laß diesen Tag vorübergehen, flehen wir, damit wir von diesem gräßlichen Ort in die Dunkelheit flüchten können. Wir zucken vor der Stimme der Vorgesetzten zurück, verachten diejenigen, die bestimmen, was wir wie tun müssen. Wir fühlen uns hilflos wie Kinder. Gehorchen wir nicht, werden wir bestraft. Doch ohne diese Schinderei gibt es kein Brot, keine Unterkunft, keine Existenz. Ist das unser Los? Sind diese Werkzeuge, diese Verkaufsgespräche, diese leblosen Computer unsere alleinige Zukunft, bis der Tod uns erlöst? Soll das alles gewesen sein?

Ich entscheide mich für ein besseres Leben!
Von nun an werde ich jede Aufgabe, die mir gestellt wird, egal, wie untergeordnet, anstrengend oder langweilig, so gut erledigen, als ob meine Aufnahme in den Himmel davon abhinge. Jetzt kenne ich das größte Geheimnis des Erfolges, das je einem Menschen anvertraut wurde. Wenn ich mich bei allen mir gestellten Aufgaben stärker einsetze, als von mir erwartet wird, werde ich zwangsläufig in meinem Beruf besser vorankommen und eine größere Befriedigung bei der Arbeit finden. Meine augenblickliche Aufgabe ist keine lebenslängliche Strafe. Ich habe den Schlüssel, mich selbst zu befreien. Wenn ich mich mit Begeisterung, Entschlußkraft und Freude meiner Arbeit widme, werden die Fesseln von meinen Füßen fallen. Ich bin nicht nur ein Rädchen im Getriebe. Ich bin das Getriebe, und ich werde es beweisen. Wie? Indem ich durch Taten zeige, daß ich mehr wert bin, als man mir jetzt zutraut. Mein jetziger Job ist nur eine Zwischenstation. Gott hat Größeres mit mir vor, aber es wird nicht zufällig geschehen. Ich muß mir das Privileg größerer Herausforderungen erarbeiten. Ich kann mich weiterentwickeln, hier und jetzt, mit dem, was gerade zu tun ist. Mein Lohn wird kommen. Ich habe Vertrauen.

So viele unter uns sehen sich selbst als minderwertig. Wir glauben, nicht für Größeres geschaffen zu sein. Übertriebene Vorsicht hält uns zurück. Wir wagen es nicht, etwas zu riskieren. Wir haben nicht genügend Mut. Wir sind schon tot, bevor wir das mittlere Lebensalter erreicht haben, auch wenn unser eigentliches Begräbnis erst stattfindet, wenn wir die Siebzig überschritten haben. Was ist aus den großen Träumen unserer Jugend geworden? Sie sind zerstört. Zerstört von unserer eigenen Vorsicht, unserem fehlenden Glauben an uns selbst und unsere Fähigkeiten. Gab es Gelegenheiten? Genügend. Aber sie waren immer mit einem Risiko verbunden. – Sollen wir es wagen? Wir sind unentschlossen. Die Zeit verrinnt. Und dann ist die Chance vertan. Wir leiden. Die Jahre vergehen. Irgendwann sagen wir uns, jetzt ist es zu spät, und geben uns mit einer billigen Imitation des Lebens zufrieden. Wir beneiden die Erfolgreichen. Was für ein Glück sie doch haben.

Ich entscheide mich für ein besseres Leben!
Von nun an will ich jedes Risiko eingehen und jede Gelegenheit ergreifen, die zu einem besseren Leben für mich und meine Familie führen kann. Ich glaube nicht länger an den Spruch: Ein unbeständiger Mensch bringt es zu nichts. Es ist besser, sich zu bewegen, selbst wenn dabei Energie vergeudet wird, als für immer an einem schattigen Ort begraben zu sein. Dieser Zustand wird noch früh genug eintreten. Ich werde mich verachten, wenn ich beim Rückblick auf mein Leben feststellen muß, daß ich das Talent und die Fähigkeit gehabt habe, große Dinge zu tun,

aber nicht den Mut aufbrachte, es zu versuchen. Ich weiß, was ich tun kann, und ich weiß, wie wenig ich getan habe. Ich habe meine Gelegenheiten verstreichen lassen ähnlich den Kindern, die am Strand ihre Hände mit Sand füllen, um ihn dann wieder durch die Finger rieseln zu lassen. Es ist noch nicht zu spät für mich. Ich kann meine Hände noch füllen. Ich kann noch eine Zukunft voller Erfolg und Glück aufbauen. Ich bin zu Erstaunlichem fähig, aber ich bin mir bewußt, daß meine Leistungen nur so groß sein werden wie mein Glaube an mich selbst. Ich schöpfe neues Vertrauen. Ich bin ein Ebenbild Gottes. Ich bin nicht für den Mißerfolg geschaffen. Ein Rückschlag ist zwar möglich, doch ich werde nie wieder aufgeben!

Diese vier sich positiv auf Ihr Leben auswirkenden Entscheidungen stehen Ihnen kostenlos zur Verfügung, und sie sind nur eine kleine Auswahl der unzähligen Möglichkeiten, die sich Ihnen jeden Tag darbieten. Jetzt, nachdem Sie den damit verbundenen Denkprozeß verstehen, nachdem Sie wissen, wie leicht es ist, in Ihrem Leben die Spreu vom Weizen zu trennen, nachdem Sie erkannt haben, daß Sie auf Ihrem Lebensweg die Möglichkeit der Wahl haben, muß das Aufzählen der weitverbreitetsten Irrtümer und deren Korrektur nicht weitergehen. Auf dieser Welt gibt es schon zu viele Ratgeberbücher, Seminare und Kassetten, die Geheimnisse des Erfolges preisgeben, die gar keine Geheimnisse sind. Das Letzte, was Sie brauchen, sind neue Regeln oder Ermahnungen, wie man groß herauskommt, wie man Reichtum anhäuft, wie man abhanden gekommene Selbstachtung wieder zurückgewinnt. Und wenn die Erkenntnis auch vorhanden wäre, befolgen wir Menschen doch ungern Instruktionen, Regeln, Gesetze und Vorschriften, gleichgültig, wie wichtig oder nützlich sie erscheinen mögen. Denken Sie an die wichtigsten Richtlinien für das Leben, die uns je gegeben wurden – die Zehn Gebote. Selbst diese göttlichen Gesetze werden häufig ignoriert, und es ist leider so, daß weniger als die Hälfte jener, die gottesfürchtig bekennen, an sie zu glauben, mehr als fünf davon aufzählen können!

Und wie steht es um das Glück, den Seelenfrieden, die Zufriedenheit und heitere Gelassenheit? Wenn Sie die Entscheidung treffen, nach dem Erfolg zu greifen, Ruhm und Ehre anzustreben, müssen diese überaus wichtigen Inhalte eines guten Lebens dann dafür geopfert werden? Ist dies der bittere Preis, den Sie und Ihre Familie, wie so viele andere, zu bezahlen haben, um Ihre neuen Ziele zu erreichen?

Die Entscheidung liegt bei Ihnen. Möchten Sie alles – Erfolg, Glück, Seelenfrieden, Zufriedenheit und heitere Gelassenheit? Ist dies nicht zu viel verlangt? Keinesfalls! Entscheiden Sie sich einfach dafür, jeden Tag so zu leben, wie zwei Verkünder von Gottes Botschaft sich vor sehr langer Zeit wünschten zu leben. Prägen Sie sich ihre einfachen Fürbitten ein. Ich habe sie zusammengefaßt, weil sie demselben gütigen Herz entsprungen zu sein scheinen:

Herr, mach mich zu einem Werkzeug deiner Versöhnung;

wo Haß ist, laß mich Liebe säen;
wo Kränkung, Verzeihung;
wo Zweifel, Glauben;
wo Hoffnungslosigkeit, Hoffnung;
wo Dunkelheit, Licht;
wo Traurigkeit, Freude.

Ich gehe nur einmal durch diese Welt. Laß mich alles Gute, das ich tun kann, jetzt tun. Laß es mich nicht auf später verschieben oder gänzlich unterlassen, denn ich werde diesen Weg nicht noch einmal beschreiten.

Nun sind Sie frei!

Endlich können Sie Ihre Zellentür aufschließen und erhobenen Hauptes einer Zukunft entgegengehen, die Sie verdienen. Gott verlangt nicht von uns, daß wir auf unseren Lohn warten. Er gibt uns unmittelbar, was wir verdienen, Gutes oder Schlechtes, Himmel oder Hölle – entsprechend der Wahl, die wir getroffen haben.

Es gibt eine bessere Art zu leben … und Sie haben den Schlüssel dazu gefunden!

Entscheiden Sie sich dafür, ihn zu benutzen!

XXI

Körperlich und seelisch erschöpft, kehrte ich einen Tag nach meinem Auftritt im Yankee-Stadion nach Jaffrey zurück. Als ich in mein eigenes Bett kroch, nach einer wie mir schien jahrelangen Abwesenheit, schlief ich vierundzwanzig Stunden. Doch zwei Tage später war ich zu Louises Erstaunen bereits wieder in meinem geliebten Turm des Erfolges und hämmerte auf meine alte Schreibmaschine ein. Ich beeilte mich, meine Erinnerungen an die Ereignisse der letzten sechs Jahre niederzuschreiben, bevor die Zeit knapp würde. »Nicht über den Neujahrstag hinaus«, hatte Alex mich gewarnt. Louise nahm natürlich an, ich arbeitete, angespornt durch die noch frischen Erfahrungen und Begegnungen während meiner Tour, an einem neuen Buch. Ich ließ sie in ihrem Glauben.

Nach zwei Wochen, am 18. Oktober, hatte ich die Geschichte zu Ende geschrieben. Wie Sie gelesen haben, berichtete ich in Kapitel XX, das meine Erzählung beschließen sollte, über meine Unfähigkeit, mich an meine Rede zu erinnern, und fügte eine der von Goliath veranlaßten Zeitungsveröffentlichungen unter dem Titel *Der Schlüssel zu einem besseren Leben* bei. Danach verstaute ich alles in einer Mappe und schloß diese in der untersten Schublade meines Schreibtisches ein. Bei allen Kapiteln, die Sie gelesen haben, handelt es sich um die ursprüngliche Version, das heißt, keinerlei Veränderungen wurden vorgenommen angesichts dessen, was danach passiert ist.

Louise, da war ich mir ganz sicher, spürte mittlerweile, daß sich bei mir etwas verändert hatte. Meine beiden Söhne wahrscheinlich auch. Ich bemühte mich zwar, weiterhin der Ehemann und Vater zu sein, der ich immer gewesen war, aber ich versagte dabei kläglich. Ich war launischer, verlor bei nichtigen Anlässen die Beherrschung, und unsere Neckereien – dieser kostbare Teil unseres Miteinanders – hatten aufgehört. Wahrscheinlich erklärten sie sich mein ungewöhnliches Verhalten durch die enorme Anspannung während der Tour. Bald, ganz bald würde Dad wieder so sein wie früher.

Jeden Morgen erwachte ich voller Dankbarkeit, eine weitere Nacht überlebt zu haben. Doch dieses Gefühl wich rasch der quälenden Erkenntnis, dies könnte der letzte Tag sein, an dem ich die Sonne sehe, den Duft der Kiefern einatme oder die Stimmen meiner Lieben höre. Ständig stöberte ich in meiner Bibliothek auf der Suche nach Trost und Rat von großen Geistern vergangener Zeiten, die sich mit der Unvermeidlichkeit des Todes auseinandergesetzt haben. Aber ihre Worte verschafften nur wenig Linderung. Meine Zuversicht wuchs nicht, wenn ich las: »Der Tod ist kein Feind, sondern ein aufregendes Erlebnis« oder »Der Tod ist der goldene Schlüssel zum Palast der Ewigkeit.« Das einzige Erlebnis, nach dem ich mich sehnte, war ein Waldspaziergang mit Todd und Glenn, und der einzige

Palast, zu dem ich mich hingezogen fühlte, befand sich auf einem Hügel in Jaffrey.

Ich wurde extrem zerstreut. Ich verlor meine Autoschlüssel und meine Geldbörse, vergaß, wo ich in der Stadt mein Auto geparkt hatte, verlegte meinen Lieblingskugelschreiber oder die Zeitschrift, die ich zu lesen angefangen hatte. In der Unterhaltung mit Louise tauchten Namen auf, die mir nichts sagten, zwar tat ich so, als ob ich wüßte, um wen es sich handelte, aber in Wirklichkeit hatte ich keine Ahnung. Und mehrmals täglich grübelte ich über Alexander Anthonys Geschichte mit der Agave nach. Ich verglich mich selbst mit einer Agave. Meine kurze Zeit der Blüte war gekommen, und nun würde der hohe Stengel namens Mark Christopher bald auf die Erde stürzen.

Mit der Zeit ließ die Bitterkeit über mein grausames Schicksal nach – vielleicht hatte ich es aber auch einfach satt, dagegen anzukämpfen, vielleicht machte ich mir die Worte des weisen Römers Seneca zu eigen, der geschrieben hatte: »Es kommt, wie es kommen muß, und was für den einen, der ankämpft, unumgänglich ist, ist nur wenig mehr als eine Entscheidung für den, der einwilligt.« Eine Entscheidung, da war es wieder dieses Wort. – Doch niemals erlaubte ich meinen Ängsten, mich blind für die Überzeugungen zu machen, für die ich in meinem Buch eingetreten war. Ich war mir immer noch sicher, daß der Mensch die Möglichkeit hat, sein Leben zu verbessern, wenn er die Gaben, die ihm von seinem Schöpfer verliehen wurden, richtig einsetzt. Mein Glaube an Gott blieb stark. Ich betete um Hilfe, um Mut, das, was vor mir lag, zu meistern. *Mr. Success* versuchte, seinen Weg auch ohne den vertrauten Kompaß zu finden.

Das Erntedankfest kam. Wie all die Jahre zuvor verfolgten die Jungen und ich ein Football-Spiel im Fernsehen, während Louise die üblichen Wunder in der Küche vollbrachte. In der darauf folgenden Woche ging eine Lawine von Weihnachtspost auf Louise und ihre Helferinnen nieder. Dies zwang sie zu ihrem großen Bedauern, unsere jährliche Einkaufsorgie vor dem Fest, auf die sie sich seit Wochen gefreut hatte, zu verschieben. Ich war insgeheim froh darüber, denn ich bezweifelte, ob ich bei meiner seelischen Verfassung die fröhliche Vorweihnachtsstimmung in den Geschäften hätte ertragen können. Während Louise und die anderen eifrig die Weihnachtspost sichteten und nach Briefen Ausschau hielten, die der besonderen Aufmerksamkeit bedurften, verbrachte ich mehr und mehr Zeit im Turm, allein, wartend …

Eines Morgens, während ich an meinem Schreibtisch saß und auf meinen Kalender starrte, faßte ich den Entschluß, diese Seiten zu verbrennen. Mir war plötzlich der Gedanke gekommen, daß ich mit meiner Geschichte, die zu dokumentieren mir Erleichterung verschaffte, Todd ein schreckliches Vermächtnis hinterlassen würde. Die Gewißheit, daß er nur lebt, weil sein Vater einverstanden war, sein eigenes Leben für das seines Sohnes herzugeben, würde ihn wie eine nie heilende Wunde belasten. Wie unbesonnen und rücksichtslos von mir!

Ich war gerade dabei, die Schublade aufzuschließen, in

der der maschinengeschriebene Text lag, als Louise hereinstürmte.

»Was ist los, Liebling?«

Vom Laufen außer Atem, keuchte sie »hier« und reichte mir einen vertraut aussehenden gelbbraunen Umschlag, auf dem in hellblauer Kalligraphie mein Name stand. Ich riß ihn auf und las die Botschaft auf der goldumrandeten Karte – immer und immer wieder.

Ihr Schicksal ist noch nicht besiegelt.
Ich habe Fürbitte für Sie eingelegt und zum ersten
und einzigen Mal ein Wunder erwirkt.
Der Zeitplan wurde geändert.
Nach langer und reiflicher Überlegung, während die
Worte Ihrer beeindruckenden Botschaft noch immer
durch die unendlichen Weiten des Paradieses
hallten, wurde beschlossen, daß Sie an dem Ort,
wo Sie sind, im Kreise Ihrer Lieben, bleiben dürfen,
damit Sie weiterhin uneigennützig den Menschen
den Weg zu einem besseren Leben aufzeigen.
Es wird Sie vielleicht noch interessieren, daß ich
bei meinem Einsatz in Ihrer Sache von einem
anderen Schriftstellerkollegen, dessen Meinung hoch
geschätzt wird, tatkräftige Unterstützung erfahren
habe. Der Name dieses Mannes lautet Joshua
Croydon.
Ich wünsche Ihnen und Ihrer Familie ein schönes
Weihnachtsfest und noch viele gemeinsame
glückliche Jahre.

Ich stand da und starrte auf diese Worte, bis Louise mir schließlich die Karte aus der Hand nahm. Nachdem sie sie gelesen und mir wieder zurückgegeben hatte, fragte sie: »Ich verstehe kein Wort, Mark. Was hat das zu bedeuten? Und diese Karte trägt keine Unterschrift. Kein A. B. Salom ... kein Absalom.«

Ich faßte sie um die Taille und hob sie in die Luft. Dann führte ich sie zur Couch und erzählte ihr alles, einfach alles.

»Oh, mein Gott«, rief sie immer wieder. »Und du hast diese schreckliche Last mit dir herumgetragen seit ... seit diesem Flug von Memphis. Du hast die Tour noch beendet und deine Rede gehalten, als ob nichts geschehen wäre!«

»Ich habe mir große Mühe gegeben, mir nichts anmerken zu lassen.«

»Es ist ein Wunder, daß du nicht zusammengebrochen bist. Warum hast du mir nichts erzählt? Nein, du brauchst mir nicht zu antworten. Ich kenne die Antwort. Du wolltest es nicht bei mir abladen, richtig?«

Zum ersten Mal seit der Rückkehr von meiner Tour erfüllte ein Lachen, ein befreites Lachen den Turm.

Am Weihnachtstag, dem schönsten Weihnachtstag meines Lebens, nachdem das letzte Geschenk ausgepackt war, erkundigte ich mich bei Louise: »Wie lange dauert es noch, bis du den köstlich duftenden Truthahn auf den Tisch bringst?«

»Etwa zwei Stunden«, anwortete sie, »vielleicht eine Viertelstunde mehr oder weniger. Warum fragst du?«

»Ich werde noch kurz mit dem Auto wegfahren und in ungefähr einer Stunde wieder zurück sein. Geht das in Ordnung?«

»Klar.« Sie hob den Kopf und zwinkerte mir zu. »Stoddard?«

»Ja. Ich möchte mich bei ihm bedanken. Und gibt es dafür einen besseren Tag als heute?«

»Glaubst du, Mr. Anthony wird dort sein? Ich könnte mir vorstellen, daß er ›dienstlich‹ unterwegs ist.«

»Es ist einen Versuch wert.«

Als ich meinen Mantel anzog, kam Louise in die Diele. »Mark, du hast kein Geschenk für ihn. An Weihnachten kann man doch niemanden besuchen, ohne ein Geschenk mitzubringen!«

»Richtig. Hast du irgendeine Idee?«

»Ja, bring ihm Todd mit. Ich glaube, den alten Mann wird es freuen, die andere Person kennenzulernen, um die es bei diesem ›Handel‹ gegangen ist.«

Es hatte den Abend über leicht geschneit, und eine dünne Schneeschicht bedeckte den Asphalt. Doch weil so gut wie kein Auto unterwegs war, benötigten wir weniger als eine halbe Stunde bis Stoddard. Nachdem ich auf Anhieb Birch Point Lane wieder gefunden hatte, fuhr ich, wie bei meinem ersten Besuch, eine halbe Meile die schmale unbefestigte Straße entlang, um dann nach der Öffnung in den Blaubeerbüschen, die die Straße säumten, zu suchen.

Doch es gab sie nicht mehr. Durch das Gewirr der kahlen Zweige konnte ich bis hinunter zum Teich sehen. Irgend etwas stimmte nicht. Irgend etwas war anders.

»Komm, laß uns aussteigen, Todd.«

Gemeinsam kämpften wir uns durch die widerspenstige Mauer der zusammengewachsenen Büsche. Todd folgte mir, als ich schnellen Schrittes hinunter zu einer großen Feuerstelle aus unbehauenen Steinen lief. Sie ragte wie ein grauer Eisberg aus den umstehenden jungen Kiefern und Schierlingpflanzen.

Todd stolperte, fiel zu Boden und zeigte, als er wieder auf seinen Beinen stand, auf den verkohlten Balken, der ihn zu Fall gebracht hatte.

»Hier war ein Feuer, Daddy, aber das muß schon eine ganze Weile her sein. Schau, wie groß einige dieser Bäume sind.«

Ich ging zwischen den jungen Kiefern hindurch, bis ich dicht neben der Feuerstelle stand. Ein Schauder lief mir über den Rücken. Als ich meine Hand auf die unebene Steinplatte legte, die einst einen mächtigen Rauchfang gehalten hatte, hörte ich hinter mir eine Stimme: »Kann ich Ihnen behilflich sein?«

Ich drehte mich um und sah eine ältere Frau näher kommen. Sie trug ein Umhängetuch und stützte sich auf einen Stock. Bei jedem Schritt schwankte sie von einer Seite zur anderen. »Fröhliche Weihnachten«, sagte sie mit einem freundlichen Lächeln und schwang ihren Stock. »Suchen Sie jemanden? Ich wohne gleich oben an der Straße und kann Ihnen vielleicht weiterhelfen.«

»Ja«, antwortete ich, und meine Stimme klang irgendwie seltsam, »wir suchen Mr. Anthony ...«

»Wen?«

»Anthony. Alexander Anthony. Er hatte ein Haus hier, wenn ich mich nicht täusche.«

»Anthony. Ja sicher, er lebte hier. Ganz allein. Ein netter Mann. Hatte nie mit jemandem Streit. Er ist 1964 gestorben, oder war es 65?« Hatte keine Verwandten, zumindest niemanden, den wir gekannt hätten. Er wurde von der Gemeinde in unserem kleinen Friedhof hinter der Kirche beerdigt. Ich war bei der Beerdigung, ich und Alfred, mein Mann. Er ist auch gestorben. Alfred und ich, wir beide waren die einzigen bei der Beerdigung. Außer dem Pfarrer. Und dann, Mr. Anthony lag gerade eine Woche unter der Erde, gab es einen schrecklichen Sturm mit einem Gewitter. Ein Blitz schlug in sein Haus ein, und es ist bis auf den Grund abgebrannt. So ein Jammer. Von all den Büchern, die da drin waren, ist nichts als Asche übriggeblieben.«

»Vielen Dank«, sagte ich leise.

Sie nickte und schwang wieder ihren Stock, als sie sich auf den Rückweg machte. »Freut mich, daß ich Ihnen helfen konnte. Fröhliche Weihnachten.«

»Fröhliche Weihnachten«, schrie Todd ihr nach, dann rückte er näher an mich heran; er schien zu spüren, daß etwas nicht ganz so war, wie es hätte sein sollen. »Sollen wir jetzt gehen, Dad?«

»Ja, mein Sohn, ich glaube, das sollten wir.«

Er lief an der Feuerstelle vorbei und trat mit dem Fuß gegen einen einzelnen Balken, der an den geschwärzten

Steinen lehnte. Dann beugte er sich hinunter und hob einen runden Gegenstand auf, der fast bis zur Unkenntlichkeit verbrannt war.

»Sieh mal, Dad«, schrie er und rieb seinen Fund mit beiden Händen. »Es ist ein Baseball! Ein Baseball! Und da ist auch etwas darauf geschrieben!«

Ich hielt ihm meine Hand hin, worauf er die rauchgeschwärzte Kugel hineinfallen ließ. Ich streichelte sie, und es dauerte eine Weile, bis ich fähig war, meine Augen darauf zu richten und die einzigen noch entzifferbaren Worte zu lesen …

IN LIEBE

Literaturverzeichnis

Alger, Horatio: Ragged Dick, Penguin, Viking Press, New York 1985.

Bach, Richard: Die Möwe Jonathan, Ullstein, Berlin 1989.

Beecher, Henry Ward: Lectures to Young Men, Reprint Services Corp., Temecula 1989.

Berne, Eric: Spiele der Erwachsenen, Rowohlt, Reinbek 1974.

Bettger, Frank: Lebe begeistert und gewinne, Oesch Verlag, Zürich 1999.

Carnegie, Dale: Wie man Freunde gewinnt, Scherz, München 1986.

Conwell, Russel: Acres of Diamonds, Robert H. Sommer, New Jersey 1987.

Franklin, Benjamin: Der Weg zum Reichtum, Oesch Verlag, Zürich 2000.

Hill, Napoleon: Denke nach und werde reich, Ariston, Genf 1998.

Hubbard, Elbert: A Message to Garcia, Pelican Publishing Company, Gretna 1999.

Mandino, Og: Besser leben. Neue Strategien für beruflichen und persönlichen Erfolg. VNR Verlag für die Deutsche Wirtschaft, Bonn 1992.

Mandino, Og: Der beste Verkäufer der Welt. Die Erfolgsgeschichte des Kaufmanns Hafid. VNR Verlag für die Deutsche Wirtschaft, Bonn 1995, 2. Auflage.

Mandino, Og: Das Geheimnis des Erfolgs. Ein einzigartiges Trainigsprogramm – entstanden aus den Erfahrungen der Jahrtausende. VNR Verlag für die Deutsche Wirtschaft, Bonn 1992, 5. Auflage.

Marden, Orison Swett: Wer sich viel zutraut, wird viel leisten, Oesch Verlag, Zürich 1999.

Peale, Norman Vincent: Die Kraft positiven Denkens, Oesch Verlag, Zürich 1999.

Peale, Norman Vincent: Ein positives Wort für jeden Tag, Oesch Verlag, Zürich 1999.

Waitley, Denis: Nur wer handelt, kann gewinnen, Conzett Verlag, Zürich 1999.